U0822899

目录

女孩的养育方法

黄艳萍 著

四川人民出版社

图书在版编目（CIP）数据

女孩的养育方法 / 黄艳萍著 . -- 成都 : 四川人民出版社 , 2018.7

ISBN 978-7-220-10840-2

Ⅰ . ①女… Ⅱ . ①黄… Ⅲ . ①女性 – 家庭教育 Ⅳ . ① G782

中国版本图书馆 CIP 数据核字 (2018) 第 145672 号

NVHAI DE YANGYU FANGFA

女孩的养育方法

黄艳萍　著

出 版 人	黄立新
策划组稿	张明辉　黄　佳
出版融合统筹	张明辉
编辑统筹	罗晓春
摄影摄像	深圳・金版文化
责任编辑	周晓琴　薛玉茹
美术设计	黄　佳
责任校对	袁晓红
责任印制	许　茜
出版发行	四川人民出版社（成都槐树街2号）
网　　址	http：//www.scpph.com
E-mail	scrmcbs@sina.com
新浪微博	@四川人民出版社
微信公众号	四川人民出版社
发行部业务电话	（028）86259624　86259453
防盗版举报电话	（028）86259624
印　　刷	深圳市雅佳图印刷有限公司
成品尺寸	150mm × 210mm
印　　张	12
字　　数	150千
版　　次	2018年9月第1版
印　　次	2018年9月第1次印刷
书　　号	ISBN 978 -7-220-10840-2
定　　价	39.80元

PART 2 有主见是女孩规划未来的法宝

PART 3 让女孩拥有阳光般的乐观性格

PART 6 打造气质满分的精致女孩

PART 7 社交能力是女孩人际交往的基础

PART 8 培养女孩的理财能力

前言

女孩之所以成为女孩，是因为她与男孩有着本质的区别，也许她们敏感、胆小、性格柔弱，但她也有专属自己的别样天赋，例如能言善辩、心灵手巧、善解人意等，让父母为拥有这样一个小人儿而感到暖心。

每位父母都希望自己的女孩可以健康快乐地成长为一个有主见、能保护自己并且性格开朗的幸福女人。其实每个女孩都蕴含着成为幸福女孩的潜质，父母要做好孩子的引路人，在了解女孩身心特点的基础上，多用心运用科学的教养方式，为孩子的成长“保驾护航”。

《女孩的养育方法》以女孩的生理和心理特点为起点，介绍了养育幸福女孩父母应注意的10大关键点，并结合具体事例，将培养女孩主见性、乐观性格、自我保护、坚毅品质、形象气质、社交能力以及理财能力的7大方面的具体教养方法作为全书重点，希望能为家有女孩的父母提供一些养育女孩的智慧，让培养幸福女孩的过程变得更轻松。

亲爱的爸爸妈妈们：初为人父人母，你们一定对孩子的教育有很多困惑和问题。本书针对女孩的特点和个性做出解答，帮助父母成为合格的家庭教育者，培养出优秀、有个性的孩子。

微信扫描下方二维码，还可以获得更多主编精心准备的线上养育方法。

1. 科学育儿，父母必上的 64 堂课！微信扫码即可获取。
2. 温和而坚定，让孩子受益一生的教养方式！微信扫码即可获取。
3. 微信扫码加入快乐女孩养成圈，分享育儿心得，学习育儿经验！
4. 育儿难题求解答？专家为你支妙招！微信扫码即可获取。
5. 线上记录孩子成长瞬间，时刻分享孩子进步喜悦！微信扫码加入我们吧！
6. 微信扫码，可获取知名营养师打造的育儿营养膳食食谱！快来为您的孩子准备营养美餐吧！

PART 1

父母应知的幸福女孩养育智慧

每个女孩都是父母爱情的结晶，小天使降落人间后，父母就要随之承担起养育和教育的责任。要想小天使幸福快乐地长大，不仅要有满满的爱，还要有科学的教养方法。

解密女孩的生理密码

女孩有着不同于男孩的生理特质，她心思缜密、性情温柔，这些特质让女孩变得独一无二，父母要了解这些特点，才能更好地养育女孩。

X染色体——女孩性别的决定者

人体内都含有46条染色体，其中又分为常染色体和性染色体。常染色体男女共有，但性染色体的存在决定了是生男孩还是生女孩，女性的性别由X染色体决定，男性性别由Y染色体决定。

X染色体看上去小小的，却不是只决定女孩的性别这么简单，它甚至能够决定女孩未来的成长轨迹，因为X染色体会和雌性激素共同作用，让女孩表现出不同于男孩的特质。

- 在青春期出现第二性征，并成为成熟的女性。
- 大部分女孩给人“安静、乖巧”的印象，会表现得文静、懂事。
- 与同龄的男孩相比，女孩会听话得多。
- 女孩更擅长交际，可以很快融入新环境并结交到朋友。

X染色体不仅能强化女孩这些女性特征，同时也会让女孩有一些天生的弱点，例如大部分女孩比较敏感、胆小、爱哭鼻子；性格软弱，容易受他人影响……其实，这些弱点的显现都与X染色体“比较合群”“不热衷隐居生活”有关系。

荷尔蒙——女孩成长的“推动力”

在女孩的成长过程中，荷尔蒙不仅对肌体的代谢、繁殖等有重要调节作用，还可以控制女孩的情绪、性格。因此，荷尔蒙可以被看作是女孩成长的“推动力”。正因为受女性荷尔蒙影响，父母在教育女孩的过程中，要注意以下几点：

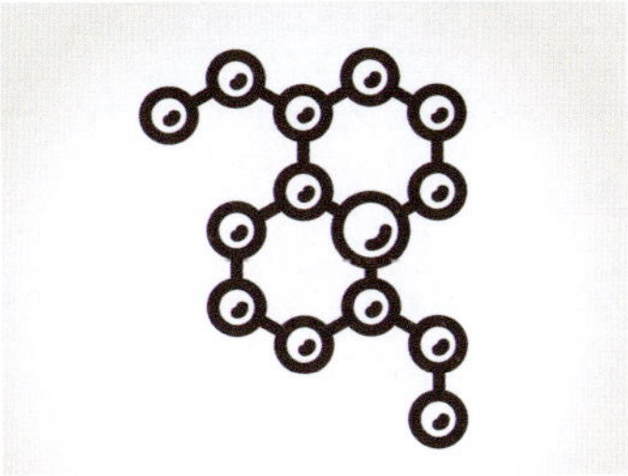

荷尔蒙

兼顾女孩的优点和缺点

与男孩相比，女孩的攻击性、冒险性和控制欲会表现得不那么强烈，而且女孩更具有稳定性，所以，绝大多数的女孩都谨慎细心、从容稳定，容易管理和教育。但如果父母不了解其内心，就会给孩子带来伤害。

适当实行挫折教育

女孩大多很敏感、感情脆弱，常常因为他人不经意的眼神、无心的话语而形成心理阴影，要想提升女孩的“痛点”，就要让女孩变得不那么敏感。父母的具体做法就是适当实行挫折教育，孩子能够经受住考验，心灵的“痛点”自然会提高。

帮助女孩了解原则

很多女孩会在关系与利益面前，因为更注重关系而放弃自己的正当利益。但建立在妥协基础上的关系并不可靠，女孩常常因此受到伤害。父母要让孩子知道什么可以妥协，什么需要坚持，当了解原则之后，女孩就不会再受制于情感，也就不会轻易受到伤害。

女孩的大脑是什么样子的

有相关学者研究发现，女孩与男孩的不同不仅表现在性别上，大脑构造也有差异，那女孩的大脑是什么样子呢？

女孩在出生前，大脑发育就从额叶、颞叶、前额叶、边缘系统等开始，当她降生的时候，大脑已经形成为一团有着无数细胞通过神经递质相互联系、相互作用形成的物质。只是与男孩不同的是，女孩的大脑从右向左发育的速度要快于男孩，又因为大脑的左半球控制着人类的语言中枢，所以女孩会比男孩更早地学会说话。

女孩到了八九岁，大脑内的海马趾会变得活跃起来，它最大的功能是储存记忆。而且，经研究表明，女孩的海马趾比男孩更大，且海马趾中的神经元在数量和传递速度上也超过男孩，所以大多数女孩的记忆力比男孩好。

进入青春期后，女孩大脑的很多区域会活跃起来，其表现之一就是女孩会更重视细节，且主观色彩比较强烈。随着女孩的生长，她的额叶、顶叶、枕叶、颞叶能够很好地和边缘系统进行协调作用，大脑皮层正在经历脑髓的发育过程，此种物质有助于神经递质和神经突触更快地工作。到了二十岁左右，女孩的大脑几乎完全形成。

总之，父母要对女孩的大脑结构有所了解，才能更好地针对女孩的特点，对其进行教育。

女孩成长的三个阶段

女孩在不同的年龄阶段会有不同的表现，父母要清楚地了解她的心理特征和生理特征，才能找到适合女孩身心特点的养育方法。

学龄前阶段，好女孩塑造关键期

学龄前的女孩正处于身体发育的阶段。此时，父母最需要做到的就是让孩子快乐地成长，并给予她贴心的照顾和保护。

父母望女成凤的心情可以理解，但不要让孩子接受过多的早期教育，也不要试图用讲道理的方式来赢得孩子的合作，这对一个四五岁的小孩来说是违背成长规律的。父母应让孩子快乐地玩耍，让她在玩耍中激发潜能。另外，这一阶段，玩具也是必不可少的，合适的玩具可以更好地发挥女孩的潜力。对于不同年龄的女孩，挑选玩具也是有讲究的。

- 当女孩开始学习走路的时候，妈妈可以多选择一些拖拉玩具，对提高孩子走路的兴趣很有帮助。
- 三四岁的孩子，可以玩积木，从模仿图纸搭建到发挥想象力自由搭建。父母在购买积木时要考虑孩子的年龄和智力发展水平，积木块数应由少到多。
- 孩子长到五六岁时，可以玩一些小乐器之类的玩具，既可以启发她对音乐的领悟，还具有开发智力的作用。
- 此外，父母还可以购买一些贴画，在培养孩子动手能力的同时，还能提高其欣赏能力。

小学时代，能力培养黄金期

女孩上小学之后，接触到周围的新事物，会让她渴望融入群体，而且长成“小大人”的她需要在父母有意识地培养下来获取个人能力，这对女孩的未来发展是很重要的。

女孩要具备学习能力

相关研究显示，现在社会已经进入知识爆炸的时代，而孩子在学校中所学到的知识，在未来的社会活动中能够用到的只占5%左右。这说明，孩子要靠自己更多的学习才能跟上社会的进程，所以学习能力的培养尤为重要。

女孩要具备动手能力

孩子通过自己的动手能力获得他人的认可，这可以进一步激发她的学习兴趣，让她更加喜欢学习。同时，孩子在动手的过程中，她的大脑也会跟着思考，例如：如何将手中的作品完成得更好？这样，她的求知欲也会被激发出来。

女孩要具备自理能力

有的父母爱女心切，会把所有事情大包大揽到自己身上；有的父母认为孩子太小，不需要学习做家务。正是这些错误观念主导下的养育导致孩子自理能力的缺失。实际上孩子的自理能力应该从家庭中培养，父母要端正思想，让孩子学会规划管理自己的事情，只要孩子树立起信心，就知道自己能够做好一切。

步入中学，平稳度过青春期

当女孩步入中学，这意味着她已经成为一个青春靓丽的少女了。步入青春期的女孩在生理上开始了第二阶段的发育，她会迎来真正意义上的成长，同时也会遇到各种选择。

很多细心的父母会发现，此阶段的孩子很有主见，也常常与自己发生分歧，讲起道理来头头是道，这让父母感到头疼。此时的女孩再也不是当初的小孩子，父母“哄骗”的教育方式已经没有意义；而青春期的女孩又很敏感，如果父母的教育方式是斥责、打骂，很可能让孩子的自尊心受挫，甚至有不可想象的事情发生。

对于父母来说，可能最不想看到的事情就是孩子脱离自己的“控制”，但也要意识到，孩子已经长大了，需要有自己的空间。父母应该允许孩子自由地探索外面新奇的世界，给予她属于自己的人生道路，同时也要清楚孩子有没有做出格的事情。足够智慧的父母会把孩子看作是手中的风筝，不是紧抓住风筝不让它飞，而是紧紧握住风筝线，不让它乱飞。

每个孩子在任何时候，都希望自己的爸爸妈妈能够给予自己足够的理解、支持和鼓励，父母应该有足够的耐心，只有这样，才能让孩子平稳度过青春期。

专属女孩的别样天赋

由于大脑结构的优势，女孩天生就拥有不同于男孩的独特天赋，例如语言天赋、社交天赋等，父母要善于发现并着力培养。

女孩的优势——语言天赋

很多父母都会发现，当同龄的小男孩还说不出一句完整的话时，女儿就已经可以跟自己聊天了。这不是偶然，而是和女孩的生理特点有关。

人的大脑分为左右两个半球，负责语言功能的区域主要集中在大脑的左侧。一般来说，女孩大脑左半球的发育要快于男孩，所以大部分女孩能够更早、更流利地使用语言，这是女孩显示出的天赋之一。父母要抓住这一天赋，尽量创造良好的语言环境，及早培养女孩这方面的能力。

- 平时，父母可以鼓励孩子说说幼儿园中发生的新鲜事，仔细倾听孩子所说的细节，注意她叙述的条理性以及用词是否准确，是否能让人听懂。
- 父母也可以问一些简单且具有条理性的问题，去发现孩子是否能够准确地把握叙述顺序，如果做得很好，可以从叙述的简洁和准确等方面来进一步要求。循序渐进提高孩子的表达能力。
- 父母还可以鼓励孩子把看过的故事讲给自己听，以判断她是否明白故事要讲的内容。为了避免孩子出现抵触情绪，每天讲一个故事就好了。

女孩的优势——社交天赋

女孩倾向于把世界看成一种关系，更擅长关系式的生活方式，所以她的优势也是围绕着关系展开的。善于与人交往是女孩的又一天赋。

朵朵的妈妈发现自己的女儿有着很强的交际能力，不管是在学校还是跟同小区的小朋友一起玩，她总能很熟络地跟大家做朋友，甚至别的小朋友之间出现矛盾，她都乐意去解决。于是妈妈抓住女儿的这一优点，常常带她去接触更多的人，或者让她来招待客人，从而让朵朵的交际能力越来越强。

广大父母可以效仿朵朵妈妈的做法，一旦发现了孩子的社交天赋，就应该积极地把它引导出来，良好的社交能力会成为孩子一生的财富。

有的父母担心自己的孩子性格大大咧咧，没有女孩气，像个“假小子”。其实这种想法有点杞人忧天，事实表明，不管男孩还是女孩都喜欢跟性格“豪爽”的小朋友结交，因为孩子会认为和这种性格的人在一起玩不会累，还能玩得很开心。其实，性格大大咧咧的女孩，更倾向于关系式的生活方式，父母要对孩子的这种方式表示认可，抓住孩子的性格特点，鼓励她多交朋友，这样孩子的社交天赋才会被更好地开发利用。

女孩的优势——心灵手巧

相比较男孩的顽皮、好动，女孩会显得乖巧、安静，而且还对针线活情有独钟，喜欢看妈妈织毛衣或者找些材料自己动手给心爱的娃娃做件衣服，这些都是女孩心灵手巧的体现。

有些父母认为孩子摆弄针线很危险，会被扎伤，或者看到孩子在墙上、地板上涂涂画画而大发雷霆。家长之所以会这样是因为只看到了事情消极的一面，却没有察觉孩子所展露出来的天赋和才华。孩子心灵手巧，其手上的小肌肉群灵活协调地发展，可以帮助许多其他方面的能力提升。父母要让孩子充分开发并利用“心灵手巧”的优势。

妈妈可以给女儿准备一个“巧手篮”，在里面放上一些布条儿或者毛线，以便她给娃娃缝制新衣服；再准备一些小纽扣、漂亮的珠子和彩绳，这样孩子可以坐下来将它们串成美丽的项链。让孩子心灵手巧的天赋得以激发，同时还能锻炼孩子的耐心，培养她的审美能力，一举多得。

POINT

因为年龄和能力的原因，孩子可能会做得不尽如人意，甚至有时会搞得一团糟，父母不要因此而训斥孩子。要知道，孩子的才华就像宝石，如果不被发现它就失去了在人们面前闪亮的机会。

女孩的优势——善于观察

圆圆指着一片叶子问："妈妈，这是什么？"妈妈说："这是叶子，摸上去软软的，还能为花朵提供养分。"女儿又指着一片叶子问："这是什么？"妈妈说："这也是一片叶子。"女儿不停地问，直到把所有花枝上的叶子都指了一个遍，才心满意足地跟妈妈说："我知道了，它们都是叶子，但是上面的'白线'不一样。"对于圆圆的话，妈妈感到惊讶，原来女儿不只是在简单地重复同一个问题，而是在观察，是在进行一个从很多单个事物中发现其普遍规律的抽象思维活动，因而发现了叶子上的纹路不同。

孩子总是对新事物充满好奇，并且执迷于观察，在成人眼中看似普通的东西，在孩子眼里却可能是一个无头绪的、不可思议的东西，她认真地观察并在其中有所发现。

随着观察范围的不断扩大，在外界事物的刺激下，孩子的观察能力也在不断增强。如果父母因为过于担心安全问题，而让孩子避开很多事物，就如同掐掉了观察力的幼芽，压制了孩子相应能力的培养。

善于观察是女孩的天赋，作为父母要注意保护她的观察力，并善于利用孩子的观察力去启迪她、鼓励她，孩子在观察时提出的问题要不厌其烦地给予解答，不要阻止孩子探索性、观察性的行为。

女孩的优势——善解人意

在女孩的大脑中，负责表达和处理复杂情感的区域更发达，而男孩大脑中对于一些简单、直接情感的区域更加大。正是这种大脑结构差异，导致男孩与女孩性格上的差异。

女孩在很小的时候就能够表现出考虑问题的周到性，会更容易理解和感受别人的情感，所以女孩很容易受到某些事情的影响而发生情绪变化。相反，男孩会选择肢体动作来解决问题，容易在争斗中被激怒，会表现得更直接和对抗。因此，女孩具有善解人意的优势。

女孩的优势——理财能力

除了以上优势，女孩在理财方面也具有一定的天赋，父母要善于发现孩子的长处并积极培养她的理财能力。

比起男孩的粗枝大叶，女孩的精打细算很容易被凸显出来。因为女孩本身心思细腻，所以很容易从生活的各个方面发现理财的契机。父母在培养孩子的理财能力时，要采取循循善诱的方式，在循序渐进中引导进行。当然，父母也可以尝试以下方法：

- 让孩子完成一些责任之外的家务劳动来“赚钱”。
- 让孩子练习当收银员，以培养她对金钱的概念。
- 通过“零花钱银行”，让孩子尝试管理金钱。

女孩容易受到弱点的束缚

女孩独特的优势，会让她在与之相对应的能力上有所突出，同时女孩也有一些劣势，会让她有所束缚，作为父母，要帮助孩子弥补这些弱点。

女孩总是很害羞

很多父母会遇见这种场景，在路上偶遇熟人，让孩子打个招呼时总是羞答答的，尤其是女孩，不管自己怎么说，就是躲在身后，不肯出来。

有很多女孩会有类似的表现，她们不愿主动与人交流，甚至不愿在公共场所出现，这是害羞的心理在左右着她们，让她们无法逾越这个障碍。通常，孩子在出生后的6～8个月，开始进入“认生期”，此阶段的孩子会表现出对陌生人的害怕，随着时间的推移，这种认生现象会逐渐消退，但如果父母不能正确引导和教育，孩子害羞、怕生的心理会更加严重。那对于害羞的女孩，父母该怎么办呢？

- 平等、理解、温馨的家庭环境会给孩子勇气和自信，帮助她克服羞怯。父母要尽量营造这样的氛围，在本身就害羞的孩子面前不要滥用家长权威。
- 鼓励孩子结交朋友，帮助她摆脱交往的恐惧心理，她才能逐渐变得活泼大方起来。
- 父母带孩子多参加一些活动，并在事后对她的努力和进步给予称赞和奖励，以增加害羞女孩的勇气，让她把事情做得更好。

女孩是个爱缠人的“小天使”

有些家长认为孩子缠人是“通病”，现在还小长大就好了。其实不然，如果孩子的依赖心理过强，迟迟得不到纠正，难免会影响她日后的独立性。那女孩为什么爱缠人，父母又该如何做呢？

原因1

想要引起父母的关注

有些孩子会误认为只有得到父母的关注才可以证明自己的存在，所以总想通过种种缠人的行为来引起父母的关注，这种心理在独生子女身上表现得较为明显，尤其是无人陪伴、无事可做时她就会渴望受到成人的关注而缠人。

原因2

心理依赖的体现

有些孩子习惯于父母的安排，一旦离开了爸爸妈妈就无法独立生活，这种依赖性在情绪上的体现就是缠人，也可以看作是孩子行为不独立，内心不安情绪的一种发泄。此外，孩子越自卑，越容易缠人。

原因3

培养女孩自立的能力

如果细心观察就不难发现，孩子总喜欢缠着宠爱自己、容易妥协的人。如果想要改变孩子的这种缠人性格，就要注重其个性的培养，家庭成员不要过分保护，而是要重视培养孩子的自立能力，鼓励她自己做决定。长此以往，孩子才能学会对自己的决定负责，也就不会再缠着父母，或者提出无理的要求。

知晓了孩子爱缠人的原因，父母该如何纠正孩子的各种缠人行为呢？可以试试以下几种方法：

- 如果妈妈在做家务的时候被孩子缠住，不妨顺势鼓励她和自己一起来做家务，既可以陪伴孩子，又可以培养她爱劳动的好习惯。

- 当父母正在忙的时候，孩子却跑过来缠着父母，一定要父母跟她玩时，父母可以安抚地轻拍孩子或者给她一个拥抱，然后再拒绝她的要求。父母不要忽视这个肢体动作，这样孩子才不会把父母的不陪伴视为讨厌自己。

- 父母要反思自己是否对孩子有较强的感情依赖，如果亲子双方都缺乏感情独立，父母就要从自己入手，不过度“依赖”孩子。

- 如果孩子是因为感到孤独而缠人的话，父母要从两方面改善，一是要与孩子多沟通来增进感情交流；二是要引导孩子自己去做事情，让她学会自己学习、游戏等，让孩子的感情逐步独立起来。

女孩需要更多的父母关注

对于孩子来说，精神上的需求并不能被物质所代替，所以她很害怕受到父母的“冷落”。作为家长，该怎样给予孩子更多的关注呢？

父母要多关注孩子的日常生活，尤其是她的营养、运动和睡眠，因为这三项是儿童体格和大脑发育的基本要素。所以，父母在满足孩子营养需求的同时，还要兼顾她的运动和睡眠。

对孩子的成长来说，和睦、充满活力的家庭是尤为重要的环境和条件。父母要注重自己的言行对孩子所造成的影响，尽量创造一种和谐的家庭氛围，让孩子健康成长。

父母要帮助孩子学会与其他小朋友建立友谊，这是孩子从幼儿期开始就要学习的重要能力。此外，父母还要注重孩子责任心、创造力、合作精神等社会能力的培养。

在家庭教育中，父母要善于倾听孩子的倾诉，学会从孩子的倾诉中感受和把握孩子的喜怒哀乐，了解她的真实想法，并给予相应的引导，这样才能让孩子感受到爱与关怀。

自我主见没有男孩强

欢欢是个非常听话的乖乖女，文静懂事，学习成绩好，但有一点让欢欢的父母感到不知所措，就是不论生活还是学习中，欢欢都习惯于服从别人，很少有自己的想法。欢欢的父母担心她太过“听话”而没有自己的主见。

孩子听话、乖巧，父母会省掉许多担心，但如果顺从过度，凡事没有自己的主见，对她的心理健康发展是很不利的。要想纠正孩子的这一弱点，要先从孩子为什么会缺乏主见的原因入手。

- 首先可以说是女孩的天性导致的，因为女孩会把感情和人际关系看得更重，有些孩子为了得到父母的认可，会很听大人的话，长此以往就没了主见。
- 其次，在孩子的内心里，家长、老师就是权威，再加上有些父母习惯于把所有事情为孩子设想好，孩子唯命是从，不敢做违背父母或老师的事情。
- 再者，有些父母由于忙于工作，疏于和孩子沟通，不能理解她的真实想法，常常让孩子产生畏惧心理，从而导致她不敢做自己想做的事情。

孩子没有主见，很可能会形成优柔寡断、易受暗示的不健全性格，父母要注重培养孩子的主见性，具体的教养方法可以参考以下几点：

方法1

给孩子创造自己做主的机会

在日常生活中，父母要积极鼓励孩子自己的事情自己做主，不要剥夺她的选择权，给孩子创造自己做主的机会，例如生日会邀请哪些小朋友，选择什么玩具等。稍大一些的事情，例如如何布置房间，可以和孩子一起策划，让她多提意见，只要合理可行，就要尽量采纳。

方法2

告诫孩子不要盲从

要想让孩子有主见，一定要解除孩子对权威的“迷信”。可以通过玩“说不”的游戏，就是让孩子把父母做错的地方指正出来，让她意识到不管是谁，都有出错的时候，从而明白不要轻易对别人盲从和效仿。

方法3

让女孩成为有自信的人

不自信的孩子往往对自己有一种不稳定的认识，所以常常受到别人对自己评价的影响，而改变自己的想法顺从他人。对于这样的孩子，父母要对她给予肯定的评价，以增强其自信心。同时还要丰富孩子的知识，提高她的能力，强化她对于自身的肯定，有自信的孩子会形成自己独到的见解，不会轻易顺从别人。

其实女孩更敏感

与男孩相比，女孩会更敏感，尤其是触觉。她常常会通过父母拥抱自己的次数来判断自己的重要性，所以父母要经常拥抱孩子来传达对她的疼爱，还有以下几点注意事项，需要父母多加留意。

- 在孩子出生后的前两年，父母经常拥抱孩子会让她更健康。因为在爸爸妈妈温暖的怀抱中，婴儿可以感受到温馨与舒适，这种感觉会促使孩子将自己的能量运用到调整自己的呼吸和消化系统中去，使其正常工作，这对小宝宝的身体发育和健康都很重要。
- 随着孩子的长大，有些父母会觉得她已经不需要拥抱，这是一种错误的认识，拥抱有助于父母与孩子的顺畅沟通，甚至有时父母的千言万语也比不上一个深情拥抱。
- 孩子能从温暖的怀抱中找到勇气，摆脱惶恐和不安。需要提醒爸爸们注意的是，不要因为女儿长大了，就淡化身体接触，这会让她产生失落感，感觉爸爸不再关注自己了。

POINT

实际上，还有很多亲密的动作同样具有拥抱的意义，父母要善于把拥抱延伸开来，例如对女儿多说些鼓励的话，多给予欣赏的眼神等。这样才能让孩子感受到来自父母的温情。

培养幸福女孩的10个关键点

每位父母都怀揣着一份美好的期许，希望自己的孩子能够健康、快乐地长大，但只有期许是不够的，还要有科学的养育方法。

女孩富养要兼顾物质和精神

俗话说“从来富贵多淑女”，对于女孩的教养问题很多父母都会秉持“富养”的原则，认为女孩就该多花钱，多满足她的物质需求。其实，“富养女”的根本问题在于如何“富养”。

高质量的生活确实能够提高女孩的眼界，但还要注重培养她的良好性格、习惯、与人交往等多方面内容，提高孩子的综合素质、健康人格和心理，才是父母应该看重的教育方法。那么父母该如何正确“富养”女儿呢?

- 家庭教育中经济方面的投入是必需的，但不是全部。父母要学会“用心”养育孩子，多和她沟通，了解其内心世界，用恰当的方式来关心孩子，并真正建立起一种健康、亲密的亲子关系。
- “富养”不是指金钱、物质，家长要知道，富养女孩的关键在于精神的富足，物质和精神合理配比，才是教育成功的秘诀。

多站在女孩的角度看问题

站在女孩的角度看问题，不仅是对孩子的尊重，也是有效沟通的一种重要方式。它可以避免或减少孩子对于父母的戒备、猜疑，也能让父母更好地了解孩子。那父母要学会哪些方法才能站在女孩的角度看问题呢？

父母要尊重孩子

父母要放下自己的架子，学会用平等的姿态与孩子沟通，可以说尊重是父母换位思考、处理亲子关系的核心。只有如此，才能教会孩子以温和的态度对待他人，并为她创造一个广阔的了解社会的窗口。

父母要与孩子保持在同等高度

“蹲下来”能让父母听清楚孩子所说的话，看清楚孩子的每个细小表情，从而了解她的感受，并做出准确的判断和回应。这种做法可以让父母学会从孩子的角度去看问题。

父母要学会多宽容孩子

父母要宽容孩子生活、学习中的小错误、坏习惯，多进行换位思考，给她一个“改正”的时间。只有父母平等对待，孩子才会敞开心灵之门，与爸爸妈妈成为亲密的朋友。

POINT

教育专家曾提出，父母要想站在女孩的角度看问题，可以时常思考这几句话：“如果我是女儿，我需要……”“如果我是女儿，我不希望……”“如果我是女儿，我的做法是……”

多关注女孩的心理健康

有很多家长只对孩子的学习成绩和身体发育给予关心，而忽略了她的心理健康。良好的心理可以让孩子拥有积极的情绪、健全的个性，反之则会影响其成长，所以父母要多关注孩子的心理健康。

父母要为孩子营造一个融洽的家庭氛围，多和孩子进行沟通、交流，以尊重、平等的心态去看待女儿，努力成为她的好朋友，孩子才会信任父母，彼此之间才能保持亲密的关系。

女孩本身就比较看重感情，对父母特别是对妈妈比较依恋，这是她的正常需求。父母不要因为工作的原因而疏忽了对孩子的陪伴，要尽量抽出时间多陪陪孩子。

父母要意识到，孩子的成长不只有物质需求，还包括心理需求，在日常生活中，父母要多从孩子的角度出发，留心观察孩子的心理需求，保证其心理的健康成长。

对于孩子的点滴进步，父母的鼓励和肯定会给她带来满足感和自信心，反之，父母表现得过于冷淡，孩子会产生失落感，她的安全感也会随之降低，这不利于孩子的健康成长。

根据女孩的特点因材施教

如果父母用完全相同的教育方式来培养不同性别的孩子，其结果就是男孩趋向女性化或者女孩变成“假小子”，这是不正确的。所以，养育女孩要采取与之相对应的方法，因材施教。

适当讲究物质条件

女孩要“富养”，是指在家庭条件允许的情况下，物质条件要讲究一些，这样会让孩子长大后拥有不斤斤计较、不患得患失、个性独立等品质。但“富养”不是盲目满足其物质需要，也不是娇生惯养。

多和女孩沟通交流

女孩具备很好的语言天赋，在大多数情况下女孩会比男孩先开口讲话，一些复杂的句子也会比男孩讲得流利。所以，从婴儿期开始，父母就要有意识地和孩子多进行语言交流，来训练她的语言表达能力。

不要吝惜自己的鼓励

女孩对父母的看法、评价会很在意，同时也容易产生自卑心理，所以父母要多些鼓励和保护，让孩子在被肯定、被表扬的环境中快乐长大。

POINT

孩子的身体健康同样很重要，父母不要因为过多的担心而剥夺孩子运动的权利，有时看似大强度的游戏，也不失为强健孩子体魄的好方法，父母要鼓励她多运动。

巧用方法应对女孩的“小姐脾气”

对于孩子来说发脾气是一种很常见的事情，尤其是被娇惯的女孩，常常把发脾气作为解决问题的唯一手段，甚至是逼迫父母就范的有力“武器”。长此以往，孩子的“小姐脾气”会越来越大，父母该如何纠正呢？

方法1 引入另外一件事情

音乐有镇定的作用，放点音乐可以转移孩子的注意力；提出一个新的事情，让孩子和自己一起完成，也许会让她忘记发脾气的事；给孩子讲个有趣的故事，或者玩个游戏等，能帮助孩子平息生气的“怒火”。

方法2 帮助孩子表达情绪

友谊的建立，家庭的和谐，情感的沟通，可以帮助孩子学会适度表达自己的情绪，同时还能积累管理情绪的经验，促进情绪的健康成长。这个过程也是她学会管理情绪的过程。

方法3 让孩子自己冷静一下

适当的置之不理可以帮助孩子摆脱爱发脾气的坏习惯。当父母发现孩子又在乱发脾气时，在保证没有危险的前提下，可以试试不予理会，继续自己的事情，例如继续准备晚餐、看电视、坐下来读书等。同时，父母要留意孩子的动静，但不要看她，否则她会受到“鼓舞”而继续哭闹下去。当孩子意识到发脾气没用，降低哭闹声时，可以通过讲道理的方式，让孩子意识到自己的错误。

恰当满足女孩的“花式需求”

面对女儿各式各样的需求，很多父母会选择一味地满足，久而久之就让孩子养成了不知道满足、不懂得珍惜的坏毛病，这些对孩子的成长很不利，父母要懂得恰当满足孩子的需要。

不要立刻满足孩子的需求

在日常生活中，如果孩子想吃零食，父母可以让她先完成一个“任务”，例如讲故事、做家务，完成之后再给她。通过一些训练，让孩子逐渐学会控制自己的欲望，不要被眼前暂时的东西所诱惑。

用奖励来交换需求

举例来说，如果孩子想要买新衣服，可以用平时自己表现良好所获得的五角星“奖励”来进行交换，一般要在积累到 5 颗或者 10 颗的时候才能满足她的要求。“代币法”是父母应对孩子提出要求的有效教育方法，但父母要注意订立奖励内容的统一性，并坚持下去，同时还要顾及孩子的实际能力，“任务”不能“假大空”，自己要说到做到，不能“违约”。

POINT

面对孩子越来越多的要求，父母要学会事先预防，根据孩子以往的喜好需求，猜测出哪些事物会激起孩子的欲望，以便提前做好应对的准备。

“逆向关怀”，让小公主不再“玻璃心”

在生活中有很多小女孩都拥有一颗“玻璃心”，她的自尊心极强，内心又极其脆弱，一点点打击都经受不起。这样的孩子与父母的教育有着很大的关系。教育专家认为，对待“玻璃心”女孩，父母不妨试试“逆向关怀”。

父母总想把最好的爱给孩子，对于孩子提出的要求也是尽全力满足，结果却让孩子变成了“输不起”、怕批评、抗挫能力差的“玻璃心”女孩。对待这样的孩子，建议父母采取“逆向关怀”。“逆向关怀”就是指父母对孩子的不合理要求说“不”，让她多吃些“苦”，多走些“弯路”，从而完善孩子的性格。具体的教育方法可以参考以下几点：

- 父母可以采取“不理睬”的态度给孩子一些挫败感，这会让她形成习惯性思维和记忆，有助于改掉坏习惯和不良性格。
- 父母要学会放手，不要处处都为孩子安排好一切，有时“走弯路”之后再告诉孩子为什么会这样、如何应对会更有利于她的成长。
- 在日常生活中，父母不妨让孩子适当受点苦，碰些“钉子”，这样她才能学会坚强勇敢，才知道幸福来之不易，从而懂得珍惜。

正视性别教育，女孩不是“假小子”

家有女儿的父母都知道，女孩生性就比男孩柔弱、细腻，随着人们思想观念的变化，很多父母不再认为女孩要“养在深闺”，而是希望能像男孩一样，所以越来越多的错位性别教育发生，这是非常不正确的做法。

方法1 父母明确性别角色

如果家庭中父母的性别角色就是模糊或者错位的，孩子也会受到这种环境的影响而表现出越来越明显的男性化。因此，父母要拿捏好自己的性别角色定位，父亲就应该阳刚、勇敢，而母亲则要温柔、善解人意。

方法2 妈妈是女孩的模仿对象

母亲不仅给予孩子生命，还是女儿学习模仿的对象，母亲的言行、穿着、品性等都在无形之中告诉孩子“什么是女人”。所以母亲不仅要照顾好整个家庭，还要培养孩子成为一个拥有健康思想、美好品格和习惯的女孩。

方法3 培养女孩的衣着品味

在给女孩选择衣服时，应该以舒适健康、美观大方为主，也要兼顾到年龄、喜好等多方面因素。可以适当征求孩子的意见，问她喜欢什么颜色、款式，以便了解孩子的审美动向，必要时给予正确引导，从小培养女孩的衣着品味。

用故事代替唠叨的大道理

虽说教育孩子要“言传身教”，但有太多的父母把“言传”误认为是讲大道理，而且是一直重复唠叨式地讲道理，最后孩子就会经常抱怨：“我爸妈的大道理讲得比‘唐僧’还烦，他一说出上句，我就知道他下一句要说什么……”

父母把那些为人处世的大道理讲给孩子听，都是为了她好，没想到孩子的真实心声却是这样，不明白自己的良苦用心。其实，父母不用责怪孩子，是自己的教育方法不适当才会出现这种结果，以孩子的生活阅历、年龄心智还不能完全明白父母口中的大道理，甚至有时会更糊涂。所以，与其唠叨个没完，不如用讲故事的方式来教育孩子，既能让孩子理解，其教育效果也很显著。

小英问妈妈：“我为什么要读书？”妈妈并没有跟小英讲大道理，而是给她对比了小区门口卖水果的小哥哥和姑姑家的小强哥，让她懂得了读书的重要性。妈妈说：“他们年龄相仿，但因为读书的关系，一个事业、生活都很如意，一个却每天要工作 13 小时辛苦赚钱……”

父母与其苦口婆心地给孩子讲大道理，不如把问题简单化，把大道理换成孩子能听懂、会动心、记得牢的小故事，结果会大不一样。

让沟通拆掉“隔心墙”

孩子的成长需要父母的关爱，沟通则是传递这种爱的工具，对父母和孩子来说都很重要。但大人和孩子之间的差异有时会在亲子间竖起“隔心墙”，好在有以下沟通技巧。

选择正确的谈话方式

方法 1

孩子在不同的年龄段，知识容量、心理特点、生活经验等都有所不同，如果父母不能适应孩子说话内容、方式的变化，就会形成沟通问题。所以父母的谈话方式应随孩子的年龄增长而不断调整。

和孩子进行民主沟通

方法 2

民主、平等的沟通方式，会让孩子说出自己的心里话，才能真正达到沟通的目的。这就要求父母放下作为家长的架子，用平等的视角看待孩子，同时还要信任孩子，孩子说得有道理就接受，不足就加以引导。

了解孩子的真正用意

方法 3

当孩子提出问题时，父母要先了解其真正用意，再去针对孩子的需要进行回答。例如，孩子问：“妈妈，你是要去买菜吗？”问题背后隐含的意思可能是：“妈妈，我也想跟您一起去买菜。”如果妈妈知道了孩子的真正意思，就可以说：“对啊，你要不要一起去？”孩子肯定会欣然接受，这就是一次成功的沟通。

亲爱的爸爸妈妈们：初为人父人母，你们一定对孩子的教育有很多困惑和问题。本书针对女孩的特点和个性做出解答，帮助父母成为合格的家庭教育者，培养出优秀、有个性的孩子。

微信扫描下方二维码，还可以获得更多主编精心准备的线上养育方法。

PART 2

有主见是女孩规划未来的法宝

父母不可能一辈子替孩子做主，想让孩子拥有幸福的未来，就必须让她做个有主见的人，做真实的自己，有自己的独立思想和见解，不盲从他人，不受群体意志裹挟，自己主宰自己的人生。

培养有主见女孩的 7 个着手点

有主见是一个人立足于社会所必需的素质，那些在各个领域取得成功之人，无一不是富有主见且意志坚定之人。为了孩子的未来着想，父母一定要培养女孩成为有主见的人。

事情交给孩子处理，培养她的规划能力

许多父母总是习惯于为孩子安排好一切，孩子每天要吃什么、穿什么、学什么、玩什么，父母都事无巨细地规划好。这样培养出来的孩子，很难有主见，因为在“全能”父母的管教下，孩子已经失去了自我思考的能力，孩子没有打理自己生活的动力，也不懂得如何去规划。

事实上，对于孩子来说，具有规划能力是十分重要的，它可以帮助孩子有条不紊地处理事情。如果不会有计划地做事，孩子就无法料理好自己的生活，也不能很好地进行学习。特别是女孩原本就有认真细致的特点，如果不懂得做事前要先做好规划，就可能造成过于关注细节而对整体缺乏统筹的现象，使整件事处理得杂乱无章、没有条理。为了避免出现此种情况，父母对女孩教育的重点，是让她在发挥做事认真细致的优势下，学会周密地计划，这样才能把事情做得漂亮。

让孩子养成做事有计划的习惯，而不是依赖父母的安排，并不是一朝一夕的事，需要父母耐心地引导。

从小事入手引导女孩

在日常生活中，父母要注意从小事入手引导孩子安排自己的事情。比如，父母可以指导孩子晚上睡觉前，将自己的书包整理好，准备好第二天要穿的衣服、鞋袜；将自己的东西井井有条地放在房间的某个位置，需要时可以迅速找到，用过后也要放回原处。从这样一些小事中，逐步引导女孩养成做事有计划、有条理的习惯。

给女孩布置一些有挑战性的任务

孩子大多喜欢有挑战性的任务，对于已经能够顺利进行的事情往往积极性不高。因此父母可以布置一些稍微有难度的任务让孩子安排。比如，全家一起外出游玩时，要去哪里游玩，选择什么出行方式，要准备哪些物品，何时买票，等等，类似的事情比较复杂，父母可以和孩子一起商量，鼓励孩子提出自己的建议，并记录下来，有意识地锻炼她做事的能力。

给女孩多一些鼓励

当孩子开始尝试安排自己的生活时，父母应及时地给予赞扬和鼓励，让孩子有动力坚持下去。如果孩子的安排有不当的地方，父母不要急于否定，可以和女孩一起分析，哪些地方合理，哪些地方需要调整，并引导她适当地改正。当孩子做好规划而没能完成时，父母应提醒孩子，并鼓励她继续完成，必要时可以提供帮助，但不要包办代替。

注重引导，让女孩自主解决问题

许多孩子遇到问题时都不会主动、独立地去解决，而是本能地想找父母帮忙。父母看到孩子犹豫不决、一脸恳求的样子便心生不忍，往往简单、直接地为孩子解决问题。

芳芳从小就被家里人娇宠，一直以来，父母都帮她把事情安排得妥帖周到，从来没有什么是需要她自己去考虑、想办法解决处理的。现在芳芳7岁了，她已经习惯了无论做什么都依靠别人：在文具店买铅笔盒要妈妈帮忙选择款式；在家做作业时不愿意动脑筋，总想让爸爸直接告诉她答案；和小朋友闹了一点不愉快总是第一时间找父母或老师告状，让他们帮自己“出头”……芳芳经常说的话就是：“妈妈，你说我该怎么办啊？”“爸爸，你去帮我做吧。”芳芳的父母一面头疼女儿依赖性太强，一面又忍不住帮她处理。

现实生活中其实有不少芳芳父母这样的家长，在孩子年龄小时，认为她没能力也不需要自己解决问题，于是当孩子遇到问题时总是第一时间帮忙搞定，孩子也习惯于服从父母的意见和安排。渐渐地，孩子每次遇到问题，就不愿意想办法自己解决，只会依赖父母的帮助。

培养孩子有主见的一个关键点是加强孩子自主解决问题的能力，这种能力不是天生的，而是后天经过磨炼形成的。孩子将来的路需要她自己走，父母不可能永远做她的“保护伞”，父母应注意从小培养女孩自主解决问题的能力。

培养女孩独立思考的能力

如果孩子没有独立思考的能力，就根本谈不上具有自主解决问题的能力。作为父母，要善于利用生活中出现的具体问题，让孩子自己面对，并想出解决问题的办法。

有的父母看到孩子竭力思考一个问题而无所获时，会不断地在旁提醒着孩子，或抢着帮孩子解决。这种做法不利于孩子的自我思考。父母可以稍微指点一下，但不要替她解决。

有些孩子因为怕说错而不敢表达自己的意见。父母要鼓励孩子发表自己的看法，即便说错了也不要批评，可以给予孩子正确解决问题的提示，鼓励她继续思考。

当孩子向父母求助时，父母可以通过提问为孩子创设一个思考的情境，比如“你觉得怎么做比较好？”引导孩子思考。不要因为觉得孩子考虑问题太慢就马上把答案告诉她。

有好奇心是孩子的天性，父母要尊重、保护和正确引导孩子的好奇心，使其发展为强烈的求知欲，这对培养孩子的想象能力、思考能力很有帮助。

不做“专制”和“包办”的父母

有的父母在管教孩子的过程中比较“专制”，孩子的一切都由自己说了算；有的父母习惯“包办”，经常代替孩子做事，有时即使放手让孩子处理，一旦看到孩子做得不好，就会抢过来自己做，不给孩子留一点自我摸索和尝试的空间。在这种教养下成长起来的孩子，习惯于依赖父母，缺少自信心、独立性、创造性和责任心，任何事情都想要父母替自己作出判断、分析。

作为父母，不能“专制”和“包办”，要尊重孩子的自主性和独立性，告诉她自己的问题自己处理，同时要给予孩子一定的指导和约束。在给予孩子指导时，不要强迫孩子按照自己的想法去做，而是尽量以商量的口气进行讨论，给孩子留下思考的余地。父母也要约束孩子不恰当的要求和行为，但要向孩子说明理由，而不是简单地诉诸权威。

给女孩信任

父母不要总认为孩子小，就什么问题也解决不了。孩子的能力是在不断地尝试中逐渐培养起来的，不要害怕孩子犯错误或遭遇失败。父母要放手让孩子自行处理，让她充分运用自己的智慧、能力，去获得成功，或者失败之后，再同孩子一起总结，让孩子分析、判断和处理问题的能力不断得到提高。

POINT

让孩子学会自主解决问题不是一件容易做成的事，以上这些引导方法都需要父母拥有足够的耐心，克服代劳的冲动，能够心平气和地等待以及对孩子始终抱有信心。

在家庭生活中，逐渐培养女孩自立性

有人说：“所有的爱都是以拉近两个人的距离为目的，只有父母对孩子的爱以分开为最终目的。”这是在说，父母的爱是以培养能从自己身边独立起来的个体为目的。给孩子理智的爱，父母就要注重把培养孩子的自立性贯穿于孩子生活的方方面面。

及早培养女孩的自立意识

2 岁的孩子会逐步萌发独立意识，不愿大人喂她吃饭，而要自己吃；不愿让大人牵着手走路，而要蹦蹦跳跳自己走。父母不要厌恶孩子的反抗，而是要抓住时机开始培养孩子的自立性。

女孩的事情让她自己做

要培养孩子的自立性，就要告诉孩子自己的事情自己做，同时还要承担一些力所能及的家务活。比如根据孩子的年龄让她自己吃饭、梳头、穿衣服、收拾书包、整理房间、洗碗、扫地等。这些虽然是生活中的小事，但却是培养孩子自理能力的重要内容。

鼓励女孩大胆尝试

孩子的第一次自己穿衣、第一次擦桌子、第一次洗袜子，这些在父母看来微不足道的小事，对孩子来说却是一个挑战。在刚开始时，如果孩子做得不好，父母千万不要讥笑，而是要用积极的语言和行为鼓励孩子继续大胆尝试，同时可以给予孩子一些具体的指导和帮助，让孩子掌握一些必需的技能。当孩子有进步的时候，不要忘了给予赞美。

女孩的故事

孩子的心理

我是能干的女孩

丽丽的外公外婆要到家里来，丽丽的爸爸妈妈去车站接他们了。等爸爸妈妈和外公外婆回到家的时候，发现桌上已经摆好了果盘，里面放着丽丽洗好的苹果、提子，丽丽还为外公外婆准备好了 2 个杯子用来泡茶。当外公外婆知道这些都是丽丽所为的时候，都大吃一惊，一个 7 岁的小女孩，怎么懂得主动去张罗这些？丽丽的妈妈说，从丽丽 1 岁断奶开始，就让她慢慢地学着自己吃饭，后来就逐渐锻炼她自己打理自己的生活，做一些家务事，现在她不仅能照顾好自己，还会关照其他人，是个小大人呢。

POINT

孩子的自立意识要从小培养，父母要让孩子在生活实践中，努力去完成各种力所能及的事情，锻炼孩子的意志品质和行为技能，减少对父母的依赖性。

善于启发，教育女孩果断选择

现实生活中有不少女孩，她们过于乖巧听话，缺乏主见，在性格上表现得优柔寡断。尤其是需要作出选择时，常常会犹豫不决，或者容易受到旁人的影响，不断动摇自己的想法，选来选去做不了决定。

果断选择是一种宝贵的品质，有很多人因为缺乏这种品质，在关键时刻迟疑、犹豫不决，导致错过时机而失败。父母要善于启发，让孩子从小就学会坚决果断地作出选择。

父母以身示范

孩子不果断的性格形成的原因很可能是受父母的影响。比如父母经常带孩子一起去买东西，每次都东挑西拣半天拿不定主意；关于假期出游的计划，总是讨论来讨论去没有结果，或者在其他事情上也是如此。孩子慢慢受到父母的影响，也会容易变得优柔寡断。父母在孩子面前不要表现得过于纠结，面对选择时要条理清楚地分析、坚决果断地下决定，用身教的力量来潜移默化地影响孩子。

教女孩正确认识自己

为了让女孩进行合理选择，父母在女孩成长过程中应该帮助女孩认识自己。很多时候，在面临选择时，孩子不知道自己到底喜欢什么，因此才犹豫不决，每个选择都不肯放手。父母平时要从日常生活中注意观察孩子的兴趣、习惯、喜好、需求等，在她犹豫不决时可以从旁提醒，帮助她正确地认识自己，才能更好地做出取舍。

给女孩"犹豫"的时间

很多时候孩子面对选择犹豫不决是因为想得太多，父母不要因为不耐烦就一直催促，或者干脆替孩子做决定，这样很容易打击孩子自主的积极性。事实上犹豫的背后可能蕴含着女孩耐心细致的好品质，所以有时给孩子一些"犹豫"的时间也不是坏事。

不要给女孩"贴标签"

有些女孩已经开始形成优柔寡断的性格，父母不要因为急于纠正孩子的这种性格，就一遍又一遍地向她强调"你这种个性不好，必须改过来"。这样孩子很可能因为父母给她贴上了"不好"的标签而产生一种深深的自卑感，结果越发地没有主见。

经常要求女孩做出唯一性的选择

父母必须让孩子明白鱼与熊掌不可兼得，可以经常要求孩子做出唯一性的选择，对于孩子模棱两可的回答，父母要告诉她你只能选择一样，可以通过建议式的询问促使她作出选择，比如："我觉得这件白色的衣服和你的粉裙子更搭，你觉得呢？"

必要时为女孩提供帮助

在一些比较重大的问题上，父母可以帮助女孩收集、分析信息，找出各选项的利弊，这有助于孩子进行科学选择。当然，如果女孩有较强的自主选择能力，父母只需要把好关，防止她出现重大错误就行了，不要急着向她提供帮助，或干预她的选择。

告诉女孩，自己的选择要执着不放弃

有主见的品质还包含着作出选择后把决定贯彻到底的意志，这是对孩子毅力方面的要求。年幼的孩子一方面自控能力较差，另一方面也缺少自我评价的能力，她容易经不住诱惑，或在意旁人的眼光和评价而动摇自己的选择。

美国心理学家瓦特·米伽尔曾做过一个经典的“糖果实验”：他给一些 4 岁左右的孩子每人分了一颗糖果，并告诉他们可以立刻吃掉，但如果谁可以忍耐 20 分钟不吃的话，就能再得到一颗糖果作为奖励，也就是最后可以吃到两颗糖果。有的孩子经不起诱惑，很快地吃掉了那颗糖果，而有些孩子则想方设法克制自己想吃糖果的欲望，最终如愿以偿地得到了两颗糖果。

研究人员在十几年以后再考察当年那些孩子现在的表现时，发现坚持到最后吃到两颗糖果的孩子更加独立、主动，能较好地应对挫折，在事业上的表现也较为出色；那些没有经受住诱惑早早吃掉糖果的孩子，则更容易有固执、优柔寡断的个性，他们往往屈从于压力逃避挑战，难以获得成功。

这个研究表明，一个人是否有耐性、执着，是他人生和事业成败的重要因素。要想让女孩将来能依靠自己取得成功，拥有幸福人生，父母就要告诉她，对自己的选择要执着不放弃，以培养她持之以恒的毅力。

约定后果督促女孩坚持

在孩子自我约束能力还不强的时候，父母可以通过约定来督促孩子坚持。父母可以在孩子作出选择之后，与孩子达成口头或书面的协议，一起商量制定明确的奖励与惩罚条款，以此来督促孩子坚持自己的选择。

给予女孩鼓励和协助

当孩子对自己的选择感到厌倦或反悔时，只要之前孩子做出的不是不合理的决定，这时候，父母要在一旁鼓励、暗示她坚持下去，必要时提供一些帮助以协助她完成。如果女孩对自己做出的每个决定都能做到有始有终，坚持不放弃，这就是很好的毅力训练。

让女孩学会等待

如果孩子想要什么、想干什么都不用“等”，马上就能达成，那她的耐性就很难培养起来。父母应注意在日常生活中利用“等”来培养女孩的耐性。比如妈妈正在做家务，孩子希望妈妈陪她玩游戏，妈妈可以告诉她：“我也很想和你一起玩，但我必须先把剩下的家务做完，等我做完了就陪你玩。”如果孩子听从了妈妈的话并做到了等待，妈妈可以表扬孩子的耐性；如果孩子答应了等待但没过一会又要求妈妈陪她玩，妈妈可以用亲切的语言把她的注意力吸引到她想做的事情上，直至等到妈妈做完家务再陪伴她。通过这样的方式循序渐进地培养孩子的耐性。

让女孩拥有行动力

生活中有些这样的孩子：他们热衷于给自己设定一个宏伟的目标，刚开始很有干劲地迈出几步，但过不了几天就失去了热情；有时受到父母的鼓舞会踌躇满志立下计划，到需要拿出实际行动的时候又不愿付出努力。

暑假的一天，蓉蓉睡午觉到了2点半还不起床。原本她要求妈妈给她报了一个书法班，暑假每天下午去上2小时课。这个“重大的决定”是蓉蓉在刚放暑假的时候定好的。可去了两次之后蓉蓉发现学书法很枯燥，就有点不想学了。妈妈又在催她起床去上课。蓉蓉说：“我今天不想去，外面太热了，您让我在家睡会儿吧。”妈妈问她：“是你自己说要学书法的，报了名又不去，你不是想说话不算数吧？”蓉蓉继续哼唧：“怎么会呢，我明天就去了，今天先让我在家休息吧。”妈妈也拿她没辙，这不已经报名一个星期了，书法班只去过两次。

孩子做事虎头蛇尾，虽然想法很多却不愿付诸行动，或者喜欢拖延，总认为行动的时候还没有来临，这是缺乏行动力的表现。孩子毕竟是孩子，在她的行动力还不够强的时候，需要父母给予鼓励和引导。

父母以身示范

父母在教育孩子时，不能光靠嘴上说，还必须以身作则，用实际行动影响孩子。如果自己不是一个身体力行的人，孩子也会有样学样。有行动力的父母才能培养出有行动力的孩子。

帮助女孩分解目标

孩子的想法有时很天真，她可能会给自己设定一个很大的目标，一开始积极性很高，但一段时间后发现很难达到就放弃了。聪明的父母会帮助孩子将大目标分解为一点点的小目标，让孩子体验进步的快乐，产生“期待效应”，从而有动力行动起来。久而久之，孩子就会逐步地养成完整做好每一件事情的自觉性。

让女孩知道行动远胜过想象

父母要让孩子明白，失败者往往是语言的巨人，行动的矮子。想象很容易，但如果只有想法而不为之努力，那就是空想，不会有任何回报。正如作家克雷洛夫所说的：“现实是此岸，理想是彼岸，中间隔着湍急的河流，行动则是架在河上的桥梁。”只有脚踏实地地行动起来，通过自己的努力减少现实与想象之间的距离，这样想法才能得以实现。

女孩要有开阔的眼界

古代礼制讲究女子“小家碧玉”“足不出户”，社会发展到今天，如果还是受传统观念的束缚，对女孩的养育还是把她局限在家中、学校，其后果只能让她长成“小家子气”的人。

一个能独立思考、有自己见解的女孩，一定不会是“坐井观天”的，她的眼睛能够看到更远的地方，她的学识、见闻、智慧能帮助她树立自信、走向成功。这不是与生俱来的，需要父母后天的培养。该如何培养？其实，就是要让女孩有开阔的眼界，让她变得心胸广阔、眼光高远、见识丰富，那么当她独自面对自己的人生时，才能有信心、有能力过好。

激发女孩对外面世界的兴趣

与男孩相比，女孩大多不愿主动接触和探索外面的世界，父母要善于激发女孩的兴趣，引导她走出家门、走出校园，走进外面的世界。比如在日常生活中，父母不妨多让孩子参加一些课外活动，多亲近大自然，多结识些朋友，努力扩大她的活动范围，让她对外面的世界产生兴趣，有“走出去”的欲望。

带着女孩去旅行

父母应该利用节假日多带着孩子出去走走，旅行不仅可以让孩子领略大自然的美好、人类文明的神奇，还能丰富她的见识、增长各方面的能力，同时对培养孩子的兴趣，开阔其胸襟有帮助。

琪琪的妈妈从琪琪四五岁时就利用假期带她到各地旅行。在路途中，妈妈首先会先给琪琪介绍当地风土人情和要参观的基本路线，以及一些需要注意的安全事项。到达后，入住旅店、饭店点餐、买车票、买门票、问路等这些事妈妈都会有意识地让琪琪去做。每次结束旅行，妈妈还要求琪琪通过画画或写游记记录心得。日积月累，琪琪已经养成习惯，每次旅行前，她会自己查找攻略、拟定行程、预订住宿。旅行让她增长了见识、增强了独立性，她的计划能力、组织能力、沟通能力、交往能力也得到了提高。

旅行确实不失为一个开阔女孩眼界的好方法，但如果家庭条件不允许，父母也不必非要带她去食宿、门票、车旅花费都比较高的风景名胜之地。让生活在都市的女孩感受一下乡村的人文地貌、乡风民俗，让生活在乡村和小城镇的女孩到大城市的科技馆、展览馆、动物园增长见识，都是不错的选择。

让女孩通过电视和网络获取知识

许多父母都担心孩子看电视、上网成瘾，所以百般限制，其实电视和网络给孩子带来的不只有负面影响，它能让女孩学到更多生动的知识，当然前提是父母要掌握好“度”和方法。可以制定一个规矩来专门约束孩子坐在电视、电脑前的时间；对于孩子观看的节目、浏览的网页也要把好关，父母可以筛选出一些健康有益和趣味性强的节目、网页让孩子观看，必要时要在电脑上装上屏蔽不健康网页的软件。

培养有主见的女孩应注意的问题

在培养女孩自主性的过程中，父母容易步入一些误区或忽视某些方面，造成培养的效果不好。父母除了要掌握上述 7 个方面的着手点以外，还应注意以下问题。

对于女孩的选择，父母不要过分干涉

许多父母总是以为自己知道什么对孩子最好，或者以爱之名过分干涉孩子的选择，这实际上是剥夺了她自主选择的权利，即使她因此避免了一些“摔跟头”，但她也永远不会成长为一个有主见的人。

父母要把女孩当成一个有独立思想的个体，不要过分干涉她的选择，这并非推卸责任，而是培养孩子自主选择的能力和勇于承担的品格。

对女孩的选择多引导、少干预

当女孩有困难时，父母可以给予指导、晓以利弊，引导她作出选择，但不能取代孩子替她决定。她可能因为自己的选择而失败，但也能逐渐成熟和独立起来。

尊重女孩的选择

孩子做出的选择可能和父母的预期并不完全一致，这时父母不应该“驳回”孩子提出的不同意见。经常否定孩子的选择，会让孩子觉得父母不尊重她，积极性也会受损。如果孩子是在认真考虑之后做出了选择，父母就应该支持她。

不要给女孩太多的“框架限制”

在许多父母的管教理念中，女孩应该比男孩更收敛、谨慎、乖巧，因此父母对女孩的限制往往也比较多。这种观念就如同一个无形的枷锁，束缚了女孩自由成长的天性。想让女孩成长为一个独立自主、不需要依附别人的女性，父母就不能给她过多的“框架限制”。

不要强行塑造孩子

有的父母喜欢将自己的愿望、梦想强加给孩子，想把孩子塑造成心目中的理想形象，却不问孩子心里是怎么想的。比如有的父母会强硬地让孩子参加一些她丝毫不感兴趣的“兴趣班”，结果往往事与愿违。父母应该顺应女孩的心性和兴趣引导她，让她以自然的姿态成长。

不要用“淑女”标准过多限制女孩

这里不是反对父母对女孩进行礼仪、气质方面的教育，礼仪、气质方面的教育是必要的，但不能以此为由阻止女孩去探索、实践。比如“女孩就应该干干净净，别到外面疯跑把衣服弄脏了”，或者“女孩就该有女孩的样子，天天摆弄汽车坦克像什么”这类的言论亦不可取。父母应该积极鼓励女孩去做她想做的事情，不要刻意把她培养成柔柔弱弱、娇滴滴的“淑女”。

扔掉“拐棍”，让女孩克服依赖心理

每个孩子都或多或少对父母有依赖心理，他阅历浅、经验少，各种能力尚未形成，遇到一些问题往往不知所措，因此存在依赖心理是十分正常的。需要注意的是，如果孩子随着年龄的增长并没有减少对父母的过度依赖，就需要引起重视了。过度依赖父母的女孩往往表现出没有主见、独立性差、处事优柔寡断，会严重影响她的成长。

父母不要放任孩子把自己当成“拐棍”，要注意引导她克服依赖心理，可帮助孩子从以下几个方面努力。

- 减少对孩子的溺爱，不要事事包办、当面袒护，不给她特殊待遇，对物质方面的要求视情况满足。
- 让孩子克服依赖心理不能急于求成，要按孩子的能力提出适当的要求，让她可以依靠自己独立完成。不妨从日常琐事做起，让孩子做力所能及的事。
- 鼓励女孩积极参加学校组织的课外实践活动，让她承担一些任务，使她有机会独立面对问题，促使自己拿主意、想办法。
- 通过一些寓言、哲理小故事或名人事迹等让孩子认识到一个事事企图依赖别人的人，是什么也干不成的。
- 孩子往往有不服输的天性，父母可以有意使用“激将法”，激起孩子不服输的心理，让孩子变得独立。
- 当女孩独立完成一件事时，父母要对她的独立性和付出的努力给予赞扬，增强她的自信心和成就感。

父母过分安排会消磨孩子的自主性

许多父母对孩子的关爱特别地深，他们总是打着“我这是为你好”的旗号，热衷于为孩子安排好一切，这其中包括孩子每天吃什么东西、穿什么衣服、几点钟上学、几点钟吃饭、几点钟睡觉，上什么兴趣班、交什么样的朋友等诸如此类的事情。孩子一旦不听从安排就是“不识好歹”，轻则一顿苦口婆心的教育，重则一顿疾言厉色的斥责。

有的父母得意于自己这样培养出来的女孩听话懂事，殊不知这种“乖巧”的背后是孩子自主性的丧失。孩子只能按照父母的安排按部就班地生活，没有自己能自由支配的时间和事情，她不需要动脑筋，就像一个一板一眼的机器人，还能期望她独立、有思想、有创新吗？显然这样的孩子将来也很难独自在社会上立足。

父母不能把孩子看成一个由自己牵引操控的“木偶”，而是要把她当成一个独立的人，让她能够按照她的需求来安排自己的生活。有的父母可能担心孩子自控能力差，一放手就“散”了。这里不是让父母什么也不管，在孩子还年幼时，父母要尽力呵护孩子的秩序感和培养孩子有规律的生活习惯；到孩子处于学龄期时，父母要逐步放手让她进行自我管理，在这个过程中父母要做的是引导孩子制定积极、有意义的规划，并在执行的过程中进行适当的提醒和督促，从而引导孩子学会自己管理自己的生活。

本章要点 让女孩自己规划美好未来

现代社会竞争日趋激烈，每个人必须具备久经锻炼的独立品质，而且还要有很强的动手能力，才可能在社会上站稳脚跟，这样的素质需要从小培养。

女孩的天性比男孩更柔和，但如果女孩表现得过于顺从，凡事没有主见，就不是一种好现象了。有的父母把这当成女孩的本性没有加以重视，等到女孩养成了唯唯诺诺、盲从的习惯再来纠正就没那么容易了。培养女孩有主见需要父母从小抓起。

★ 父母不要对女孩的生活过分安排，让她自己处理，以培养她的规划能力和自主性。

★ 遇到问题时，父母不要急于替孩子解决，而是要引导她自主解决问题。

★ 要想将来能独立生活首先必须具备自理能力，在家庭生活中要注重培养女孩的自立性，保护女孩自立意识的萌芽，让她做力所能及的事，鼓励她大胆尝试。

★ 选择果断才不会在关键时刻错过时机，父母要注意启发，教育女孩果断选择。

★ 尊重女孩的选择，不要过分干涉。

★ 父母要注意给予女孩鼓励和督促，并培养她学会等待，同时要让她能够对自己的选择执着不放弃。

★ 不要让女孩做“空想家”，而要让她做“实干家”，这就需要父母注重培养她的行动力。

★ 拓宽女孩的视野、增长女孩的见识，能为她带来独立的“底气”。

亲爱的爸爸妈妈们：初为人父人母，你们一定对孩子的教育有很多困惑和问题。本书针对女孩的特点和个性做出解答，帮助父母成为合格的家庭教育者，培养出优秀、有个性的孩子。

微信扫描下方二维码，还可以获得更多主编精心准备的线上养育方法。

1. 科学育儿，父母必上的 64 堂课！微信扫码即可获取。
2. 温和而坚定，让孩子受益一生的教养方式！微信扫码即可获取。
3. 微信扫码加入快乐女孩养成圈，分享育儿心得，学习育儿经验！
4. 育儿难题求解答？专家为你支妙招！微信扫码即可获取。
5. 线上记录孩子成长瞬间，时刻分享孩子进步喜悦！微信扫码加入我们吧！
6. 微信扫码，可获取知名营养师打造的育儿营养膳食食谱！

快来为您的孩子准备营养美餐吧！

PART 3

让女孩拥有阳光般的乐观性格

爱孩子父母就要关注她的情绪变化，教会她摆脱抑郁、愤怒、悲观等不良情绪，经常给予积极暗示，使她拥有一个乐观开朗的性格。这样的女孩在将来既能从容享受自己的幸福，又能坦然面对人生的苦难。

培养开朗女孩的7个着手点

乐观开朗的性格能让女孩养成积极自信、笑对挫折、锐意进取的好品质，拥有好品质能够创造好生活。父母要重视这一堂重要的性格养成课，从小培养女孩乐观开朗的性格。

开朗是女孩美好性格的“源泉”

开朗的人，内心积极向上，遇到挫折不会轻易退缩，遭受失败也能快速走出阴霾；开朗的人，不容易受别人意志的裹挟，会坚定自己的想法；开朗的人，经常会由衷地微笑，给别人带去阳光般的温暖。开朗是女孩美好性格的“源泉”，但开朗不是孩子与生俱来的，而是需要父母从日常生活中的点点滴滴做起，利用每一个时机对孩子进行教育从而使之形成。

多带女孩出去走走

现在的独生子女实在太孤单了，他们生活在独门独户的现代住宅里，从小只有玩具、电视、电脑、手机做伴。长期在孤独、封闭的氛围中生活，孩子容易产生内向、孤僻、暴躁、自我否定等情绪。父母应该带着孩子走出封闭的空间，走到外面的世界中去。例如：带她亲近大自然，让她感受自然界的勃勃生机，开阔胸襟；带她到游乐园，在尽情地玩耍中释放天性；带她到美术馆，让她感受艺术的魅力，陶冶性情；带她到体育馆观看比赛，学习运动员的拼搏精神，在心中树立积极进取的决心。

引导女孩与人交往

父母可以经常带孩子到小区或公园中活动，鼓励孩子多和家人以外的成人及小朋友交流、玩耍，发展交往能力，提高适应环境的能力，体验与人交往的乐趣；也可以邀请孩子的朋友到家中做客，根据孩子的能力，或配合或单独地让孩子接待她的客人，让孩子当小主人，拿出自己的零食、玩具与小客人一起分享。

经常与女孩沟通

作为父母，不能仅仅给孩子提供物质化的东西，同时还要关注女孩的心理需求。不论工作多忙，父母每天都应抽出时间陪陪孩子，听她说说心里话，向她表达关心，让她感受到父母对自己的关怀和爱，不至于陷入孤独的泥淖中，形成冷漠自闭的性格。

对女孩不要过于溺爱

有的父母过于溺爱孩子，习惯事事包办，这是欠妥的。只有让孩子学会自己的事情自己做，或者有时让孩子碰碰钉子，才能磨炼孩子的意志力，让她敢于走出过分依赖、自我封闭的天地。

父母行不言之教

要培养一个活泼开朗的女孩，父母自己不能是个扭扭捏捏、缩手缩脚的人。父母在接人待物、处理各种关系上都要自然坦荡，心胸开阔，礼貌谦让，让孩子从小感受到人与人之间的关系是和谐融洽的，这对培养孩子活泼开朗的性格非常关键。

打造积极乐观的阳光女孩

在女孩的成长过程中，乐观的心态具有重大的意义。它是激发女孩采取行动的强烈动机，也能赋予她克服困难的勇气和力量。因此每位父母都希望自己的女孩拥有乐观的性格，获得幸福的人生。

但是生活中还是有些女孩习惯用消极悲观的眼光看世界，她们面对困难会首先想到退缩，一点小事也能让她们生出悲伤的情绪，遭受挫折后总是很难打起精神……其实，乐观的性格如同其他品质一样，是可以通过培养和训练获得的，这不仅需要父母的智慧和耐心，还需要讲究一些方法。父母可以从以下方面着手，打造一个积极乐观的阳光女孩。

做乐观的父母

一般来说，孩子的乐观首先来源于父母的积极、自信和豁达。父母要注意在孩子面前树立积极乐观的态度，将自己的乐观精神潜移默化地传递给孩子。比如，休息日在家，看到外面下雨了，不要脱口而出：“这倒霉天气，什么都做不了了。”这样说会将消极悲观的情绪传染给孩子。而如果说：“下雨天真好，外面的树木、花草就能喝饱水了。”这样会让孩子发现下雨天也不是那么糟糕，也有好的一面。父母在生活中总是保持乐观的态度，给孩子一个好的榜样，渐渐地她也会善于往积极的方面思考，始终保持乐观的态度，不会怨天尤人。

给女孩“减减压”

许多父母都有“不能让孩子输在起跑线上”的心理，从小就让孩子参加各种培训班，也不管孩子意愿如何。大量课外班挤占了孩子应有的游戏时间，使原本应该充满乐趣的童年变得单一和枯燥，孩子也提前承受了巨大的压力，继而对生活失去兴趣，产生消极悲观的情绪。父母不要从小就给孩子太多压力，对孩子少些拔苗助长，多尊重其成长规律，才能让孩子保持健康的心态。

对女孩少些训斥、多些鼓励

看到孩子因遭遇困难而精神不振时，有的父母会替孩子完成，有的父母则完全迁就孩子，还有的父母是厉声批评孩子。这些都无法使孩子形成乐观的性格。正确的做法是父母告诉孩子任何困难和挫折都会有转机，但用消极的态度对待事物，不能很好地解决问题，应鼓励孩子坚持到底，体验经过努力克服困难带来的成就感。

教女孩学会自我疏解

每个人都会有消沉、低落的时候，有的人能迅速恢复积极的心态，而有的人就深陷其中。当父母发现女孩因某件事情陷入痛苦或忧虑时，要及时引导她排除心理障碍，学会自我疏解，可以采取的方法有：让女孩向父母倾诉内心的苦闷；引导女孩寻找事物好的一面，进行积极的心理暗示；告诉女孩通过玩游戏、听音乐、阅读、运动、与朋友聊天等方式转移自己的注意力。

给予正面暗示，让女孩爱上自己

与男孩相比，女孩更敏感，特别在意别人怎么看待自己。如果父母经常用消极的话来定义孩子，孩子就很容易以此暗示自己，从而朝着消极的方向发展下去。

敏敏自从在幼儿园上了手工课就对剪纸十分感兴趣，喜欢拿着一把小剪刀把彩纸剪出各种形状，有时还会把剪纸做成拼贴画。妈妈觉得敏敏就是喜欢破坏东西，做出来的剪纸“没个成样的，小孩子瞎玩”，每次敏敏欣喜地拿剪纸给妈妈看时妈妈都说：“给你买彩纸是让你画画用的，你这乱七八糟剪成什么样了！你看慧慧，刚学了2个月绘画，她画的画就贴在幼儿园展览墙上了，你怎么就画不出来呢？”由于总是被妈妈打击积极性，慢慢地敏敏失去了剪纸的兴趣，对幼儿园的手工课也没了积极性，而且对画画也产生了抵触心理。

父母都希望自己的孩子优秀出众，但当孩子没有达到自己的预期时，就控制不住说出那些“恨铁不成钢”的话。父母的本意不是打击孩子，而是想用“激将法”让她做得更好，但结果却往往事与愿违。这样的话确实会伤害到孩子的自尊心，让她变得消极、自卑。这种心理的影响，如果不及时疏导，甚至可能影响孩子的一生。

女孩的幸福，首先就是从爱自己、欣赏自己开始的。生活中，父母不应该一生气就责骂孩子，给她贴上负面标签，应该让孩子从不同角度认识自己，接受自己，喜欢自己。

多给女孩正面暗示，少贴标签

父母是孩子最亲密、信任的人，同时也影响着孩子的价值观、精神力量和人格塑造。在日常生活中给孩子一些正面的心理暗示，无论是一句肯定的话语，还是在关键时刻的大力支持，都会给予她力量，让她朝着积极的方向发展。具体的教育方法父母可以参考以下几点，例如：父母要善于找出孩子的闪光点，并反复暗示，孩子就会展现出更大的潜力；在女孩遇到困难时真心诚意地鼓励她："我相信你能行"；批评孩子时，不要使用"你怎么总是……""你根本做不好这件事"这样的语言，批评时要注意语气和表达方式；教育孩子时，不一定非要直白地说出来，可以通过讲故事、做游戏、角色体验等方式启发女孩；不要把"隔壁 ×× 真聪明"这类的话挂在嘴边，这种话往往也会打击到孩子的自尊心。

让女孩学会自我激励

父母不仅要给予孩子正面暗示，也要教会她进行自我激励，用积极的自我暗示鼓励自己。比如，在平时女孩表现出自信的时候及时给予表扬和鼓励，让她淡化"我不行"的心理，树立起"我能行"的信念；对缺乏自信的女孩，让她每天睡觉前和起床后，对着镜子微笑，并大声说出："我是最棒的"；可以让女孩准备一个"功劳簿"，让她自己把"功劳"记在上面，可以是任何一点进步、小成绩。

赶走“阴云”，让女孩笑口常开

有的女孩多愁善感，常会因为一些小事而闷闷不乐，类似父母拌嘴、考试失利、老师批评等事情都可能让她感到难过。当孩子感到难过时，由于语言表达能力有限，往往无法清楚地表达自己的情绪，因此有时无法得到父母及时的帮助。再加上孩子自我疏解的能力不强，慢慢地这种情绪发展下去就演变成了抑郁。

抑郁使孩子感到孤独、不安和难过。想让孩子感到快乐，并且健康地成长，父母就要帮助孩子驱走笼罩在她们心头的阴云，让其走出抑郁情绪，才能笑口常开。

- 当女孩情绪低落时，父母可以带她出去走走、做做运动、游玩等，或做一些让孩子开心的事，让其内心被积极的情绪占据。
- 教女孩用哭泣、大喊、倾诉、运动等方式来宣泄心中的苦闷情绪。
- 耐心地倾听孩子的诉说，引导她释放内心的压抑。
- 根据女孩的实际情况为其设定一个目标，让她有努力的方向，重拾干劲。
- 给孩子创造一个温馨的家庭氛围，用关心和爱让孩子快乐起来。
- 不要太苛求孩子的言行举止，包容孩子成长过程中不可避免的错误。
- 对于孩子的进步和努力，给予及时的鼓励。

善用赞美，让女孩更自信

每个孩子内心深处都强烈地渴望受到赏识和肯定，父母经常表扬、鼓励孩子可以给孩子前进的信心和力量，并对未来充满美好的期望；如果父母总是责备、训斥孩子，她就容易失去信心，并产生自卑、悲观、叛逆等情绪。

许多父母也许懂得赞美的力量，但是对如何赞美孩子才有效却不得要领。要想让赞美产生效果，确实需要掌握一定的技巧，否则会弄巧成拙。

赞美要具体

父母常常用“你真棒”“你真了不起”这类笼统的话来夸奖孩子。看起来确实是在赞美孩子，但实则很敷衍。这种表达所含的信息量很少，孩子无法明白自己为什么会获得表扬，也感受不到父母的真诚，所产生的激励作用也很有限。父母赞美孩子要具体、真诚，让孩子明白赞美和自己言行之间的因果联系，感受到父母发自内心的肯定，从而获得激励。

婷婷画了一幅画给妈妈看，她对妈妈说：“我画了一幅画，妈妈你看好看吗？”妈妈没有立即表扬婷婷“画得真棒”，而是在仔细欣赏了婷婷的画之后说道：“妈妈看到了蓝色的太阳，紫色的树叶，绿色的花朵，还有一座像城堡一样高大的房子，宝贝你真有想象力。”

妈妈的表扬十分具体，听到父母这样的赞扬，孩子多数会被激励，因为这会让孩子产生共鸣，感觉被肯定，这对孩子拥有自信起着重要作用。

赞美要及时

在孩子应该受到赞美时，父母就要及时地表扬，才能起到强化作用。如果过后再赞美，孩子会搞不清为什么受表扬，也不会有强烈感受。

善于发现女孩的优点

有的父母苦恼于自己的女孩“太不争气”，没有值得表扬的地方。父母不要只关注孩子的学习成绩，要全面、细心地捕捉孩子身上的闪光点，比如孩子自己整理好了房间，玩游戏时有创新的想法，见到邻居礼貌地问好，父母都可以适时地表扬。

赞美孩子的努力而不是天赋

欣赏孩子，不要只关注她天生的漂亮、聪明，而是要多关注孩子付出的努力。比如，“这道数学题很难，但你认真思考最后解出来了，做得很好”“今天运动会，我看到你跑到最后已经很累了，但还是坚持跑完了，你真棒”。这样的表扬是针对孩子的努力，她会因为自己的付出获得成功而高兴，而不是为自己天生的优势沾沾自喜。

欣赏女孩的点滴进步

父母不要等到孩子做出一番大事时才表扬她，小小的进步也是值得表扬的。尤其是那些平时很少有出色表现的孩子，她们往往缺乏成就感和自信心，父母更要用赞美认可她们的努力。

POINT

父母赞美女孩要注意把握好分寸，不要用太夸张的表情和语言，以免让女孩觉得赞美过于虚伪，反而产生抵触、厌烦的情绪。

女孩的故事

孩子的心理

原来我有这么多优点

欣欣写作业总是不专心，简单的题经常算错。这天爸爸检查她的作业，发现10道题只对了4道，爸爸非常生气：“这么简单的题都不会，你说你能干什么？”听着爸爸的训斥，欣欣很不服气。妈妈拿起作业看了之后说：“今天对了4道题，比昨天有进步呢。”爸爸领会了妈妈的意思，定神后说：“是啊，还有一道题也和正确答案很接近了，只要再细心一点就能做对了。”妈妈也接着说道：“做错了不要紧，只要改正就好。其实欣欣身上有许多优点，爱劳动，喜欢主动帮助朋友，是不是呀？”欣欣被爸爸妈妈夸得都有点不好意思了，认真地把错题改正了，后来慢慢地纠正了不专心的毛病。

POINT

面对孩子，父母要有善于发现的眼睛，找到他身上的优点、闪光点，并且真心地赞美，让赞美成为孩子改正缺点的动力。

帮助女孩走出失败的阴影

有的父母可能遇到过与下面的事例类似的情形，孩子很优秀，但因为某一次考试的失利或者一次比赛中没有胜出就变得消沉起来，对学习失去兴趣、成绩下降，参加活动的积极性也消失了。

8 岁的妞妞是一名小学生，新学期的自然课上，老师布置了一个作业，让每个同学从他这里领取一小包种子和养育指南，回家想办法把种子种下，然后按指南定期给它浇水、施肥，观察它的生长，并写下观察日记，到期末的时候拍一张照片，连同观察日记一起交给老师。妞妞非常喜欢这个作业，对此很上心，回家后她在爸爸妈妈的协助下种下了种子，并按时浇水、施肥，每天她都会认真观察种子发芽、生长的情况，观察日记也记录得很认真。但不知道什么原因，一个学期过去了，妞妞种下的种子生长情况并不好。到期末交作业时，老师表扬了全班同学的努力，并特别提到有几位同学在观察日记中描述得很仔细、很生动。妞妞因为种子种下去长得不好，观察日记内容也没那么丰富，没有得到老师的特别夸奖。这让妞妞很受打击，整个假期都闷闷不乐。

每个人都渴望成功，孩子也不例外，但由于能力有限、经验不足和知识缺乏等原因，难免会遭受一些失败。即使这些失败在成人看来不足为道，但对孩子来说却是一次巨大的打击，会产生长久的不良影响。作为父母，应该教会女孩正确面对失败。

指导女孩正确面对得失

没有人能永远成功，也没有人会永远失败。如果只能接受成功，不允许自己失败，那就很容易产生心理压力，一旦事情没有达到预期，就会陷入消极的情绪中难以走出。因此父母要指导女孩正确面对得失，可以通过给她讲一些与失败和成功有关的故事、名人的事迹或身边的榜样来引导她坦然面对失败，从中吸取教训并走向成功。

不要只夸奖孩子的成功

在孩子获得成功的时候，父母不要总是说“你成功了，你真棒”“太好了，你赢了”，这其实是在向孩子暗示“成功”和“赢”的重要性，她会认为如果自己没成功就不会得到表扬。父母应该多夸奖孩子在过程中的认真、细心、努力、坚持、团队意识等正确的态度和品质，并告诉她没有成功不要紧，你只需要尽到自己最大努力就可以了。

让女孩从失败中吸取教训

如果孩子因为犯有过失而失败，父母绝不能责怪她、讽刺她，而是要借用别的方法来启发孩子。比如当孩子想要自己端着碗吃饭但不小心把碗摔碎了，父母不要责怪她的不小心，可以让她和自己一起打扫干净并询问她“想不想学会稳稳地端住碗”。这样既保护了孩子的自尊心，也能引导孩子从失败中吸取教训，同时还能让她更愿意接受父母的教育。

教女孩用知足的心态面对生活

一个人如果能拥有知足的心态，无论处在顺境或者逆境，都能坦然面对，因为他懂得什么叫满足。知足的人，善于发现生活的美好，心中常怀感恩，真诚地待人处事，使人生多一份从容与豁达。所以，父母要教女孩用知足的心态面对生活。

知足是指对自己现在所拥有的感到满足，珍惜眼前的一切，不去苛求自己能力达不到的东西，也不强求本不属于自己的东西。拥有知足心态的女孩，能坦然面对生活的挫折，真心感受成功的喜悦。当然，知足不等于不思进取、安于现状；知足也不是要碌碌无为、消极等待，更不是裹足不前、目光短浅。

知足是一种精神境界，需要女孩有很好的心理素质和开放包容的胸怀。那么父母应该怎么样培养女孩的知足心态呢？

不要对孩子有求必应

为了培养孩子知足常乐的心态，父母不要事事满足她的要求。如果孩子的要求总是可以得到满足，她就不会在乎自己已经拥有的，而是不断地寻找没有的东西。当孩子提出不合理的物质要求时,父母可以引导孩子思考这样东西对她来说是不是必需的，如果她只是“想要”而不是“需要”，父母可以给她讲明不能满足的原因，并将孩子的注意力从物质上转移到精神上来。比如当孩子想要一件名牌衣服时，父母可以告诉孩子，普通牌子的衣服穿着也可以很舒适，重要的是要保持自信乐观，这样才能由内而外散发出美丽。

父母为孩子树立一个好榜样

都说父母是孩子最好的老师，父母的言传身教会直接影响孩子心理的发展。如果父母自己不懂得满足，经常抱怨自己没有条件买更好的护肤品，谁谁家住的房子更气派，孩子在父母的长期熏陶下也会形成“我拥有的太少了”的印象。父母应该为孩子树立一个好榜样，用自身的行为引导孩子形成正确的价值观。

让女孩“体验”贫穷

对于生活条件优越的女孩，如果父母只是用枯燥的语言进行教育，很难取得好的效果。此时不妨来点“苦肉计”，让孩子真正感受到“贫穷”，从对比中知道自己现在身处幸福之中，从而珍惜眼前的生活。

放暑假时，妈妈把10岁的琳琳送到了一个“贫困山区体验夏令营”，在一个月的时间里，琳琳跟随夏令营的带队老师和其他小朋友一起在山区体验生活，和农家孩子一起放牛、割草、喂猪。刚开始娇生惯养的琳琳自然不习惯，嚷着要回家，在老师和小朋友的鼓励下，琳琳坚持了下来。一个月的山区生活让她增长了不少见识，还学会了许多生活技能，也了解了别人的艰辛，过去衣来伸手、饭来张口的“小公主”逐渐变成了关爱他人、热爱劳动、乖巧懂事的“小主人”，爸爸妈妈也对琳琳的转变感到很欣慰。

培养开朗女孩应注意的问题

培养女孩成为开朗的人不是很轻易就能够实现的，除了需要父母做出榜样，还需要耐心引导，循循善诱。另外，有一些细节也不能忽略。

别总盯着孩子的“短板”不放

许多父母都想着自己的孩子将来能“出人头地”。他们要求自己的孩子什么都好，对孩子表现出来的优点认为是她应该做到的，对孩子的缺点却是盯着不放，或者拿孩子的“短板”同其他孩子的优点相比较。比如，当孩子主动收拾了玩具，父母对孩子收拾玩具不在意，而对遗漏在客厅没有收进去的一只布偶则非常敏感，甚至斥责孩子的粗心。

美国成功教育学家拿破仑·希尔曾经说过：“每个孩子都有许多优点，而父母恰恰相反，他们总是盯着孩子的缺点，认为管好孩子的缺点，才能让孩子更好地成长。其实，这样做就像蹩脚的工匠，是不可能造出完美瓷器的。”

父母不要总盯着孩子的“短板”不放，当父母为孩子的缺点烦恼时，不妨静下心来，多花费一点心思观察和留意孩子，或许孩子的一个小进步、一次努力都可能打动你的心，这时不要吝惜你的表扬。当女孩常常从父母那里得到赞许、表扬和肯定，那么她就会认为自己是一个有能力的人，表现得积极、乐观，而且情绪稳定，有很强的自信心。

永远不要对女孩说你比别人差

生活中，我们常能见到有些父母抱怨孩子："为什么人家能考100分，你每次都考不好？""你看丽丽多懂事，你就不能让我省点心吗？"……这就是父母常用的比较，拿别人的优点来对比孩子的缺点。也许父母认为，比较可以激发孩子的好胜心，促使孩子进步，这其实只是父母一厢情愿的想法。

父母经常拿孩子与别人比较，对孩子来说这是一种"心理虐待"。没有一个孩子愿意承认自己比别人差，她希望得到成人的肯定，这种肯定的评价对其自信心的培养尤为重要。如果父母总是强调孩子不如别人，会使孩子容易否定自我，变得自卑，对生活失去兴趣，产生"破罐子破摔"的心理。

父母要学会欣赏女孩，善于发现孩子身上的闪光点。其实每个人身上都会有一些优点和不足。比如有的女孩胆小、害羞，但是心地善良，富有爱心；有的女孩做事认真，但有一点钻牛角尖；有的女孩学习成绩不尽如人意，但是跳舞跳得很好。父母不要一味地拿自家女孩的不足与别人家的孩子的长处相比，这是一种盲目的教育心态，很容易使孩子产生挫败感，不利于培养孩子的自信心。父母要用心去发现孩子的长处和优点，用鼓励和赞美引导孩子进步。

先接受女孩的坏情绪再耐心劝解

孩子往往不能很好地控制自己的情绪，她有时会为了一点小事而生气、发脾气，对大人的安抚怎么都听不进去。这时候父母不能否定孩子的坏情绪，甚至不允许她发泄，这会让孩子感觉父母不理解自己。而且随着年龄的增长，孩子的自我意识提高，父母的否定有可能激起她的逆反心理，而“变本加厉”地发脾气。

父母要认识到，发泄自己的坏情绪是人的正常反应，只不过成年人会比较好地控制自己，而相比成年人，孩子很难让自己在坏情绪的控制下保持理智。父母要尊重孩子的成长规律，先接受女孩的坏情绪。有了这个认识，才能让自己冷静下来进行耐心地劝解。

当孩子发脾气时，父母可以向她表示理解和体谅。当她感到父母理解并接纳了自己的坏情绪时，她心中的怒气会消减一大半，这时父母再劝她控制自己的情绪，效果会好得多。如果父母向孩子表示理解，但孩子还是撒泼耍赖，父母可以告诉她“这件事确实令人生气，你可以到房间里把自己的愤怒大声喊出来”，或者在保证安全的前提下，留她一个人待会儿，让她冷静下来后再谈，这比直接否定她的情绪，强硬地要求她停止发脾气更能帮助她学会控制自己的情绪。

一起分享女孩的喜怒哀乐

每个女孩都希望有个贴心的朋友和她一起分享自己的喜怒哀乐，而父母作为孩子最亲密、最信任的人，理应担当起这个角色。

父母真诚地和孩子交朋友，可以让孩子放下心中的戒备和顾忌，乐于向父母说出心里话，这样父母就能及时了解孩子的思想状态，把握她的心理，从而理解和帮助她。

放下架子，和女孩平等交流

有的父母经常对孩子这样说："作业写完了吗？""今天在学校表现好不？"这些简单的问句无法深入孩子的内心，会让孩子觉得父母是高高在上的，而无法向父母敞开心扉。父母不能以大人的视角去揣测孩子，不能以长者的身份居高临下地询问孩子，而是应该放下架子，以朋友的身份让孩子自愿地向父母倾诉。当父母俯下身子走进女孩的内心世界，会发现这里和自己所想的并不一样。

主动创造与女孩交流的机会

日常生活中，很多父母都以"我工作忙""没有时间"等借口来缩减与女孩沟通交流的时间，很多时候不是女孩不愿意分享自己的心情，而是父母没有给她提供机会。父母应该主动增加和孩子在一起的时间，用心去感受女孩的喜怒哀乐。也许刚开始时交流会有障碍，父母可以寻找机会与孩子一起运动、玩耍，彼此之间自然会有共同话题，孩子慢慢地就会与父母亲近起来。

向女孩敞开心扉

许多父母不懂得如何引导女孩自愿说出心里话，其实父母可以尝试先向孩子敞开心扉，比如聊聊自己的工作，说说工作中的酸甜苦辣，坦诚地将自己的喜怒哀乐呈现出来，这对亲子之间的沟通交流是十分有利的。

丰富交流的内容

父母与孩子交流不要只关注她的衣食住行还有学习成绩，亲子之间可以聊的事情其实有很多。除了聊她自己的事，父母可以主动地询问孩子在学校的见闻，比如和她聊聊谁是班里的调皮大王，谁上课喜欢积极回答问题，谁和谁经常在课间一起玩耍，谁又和谁发生了争吵，等等。一般这些事孩子都乐意向父母诉说，在聊天的过程中不知不觉就拉近了亲子距离。

专注地倾听女孩的倾诉

男孩在找父母聊天时，会更希望从父母那里得到需要的答案或者解决的方法。而女孩则不同，当她主动找父母聊天时，会更希望父母能专注地、感兴趣地倾听，分担她的沮丧和难过，或者一起为她遇到的高兴的事而欢喜。因此，在倾听女孩说话时，如果父母从交流中发现女孩的处事方式和态度有问题，不要急着纠正她或者迫切给出自己的建议，而是要等她说完之后，再找个合适的机会和孩子聊起这件事，从而引导她改变。女孩需要的是父母的倾听而不是说教，如果父母总是急于纠正或打断她，她会渐渐失去倾诉的欲望。

本章要点 开朗乐观的性格成就幸福女孩

幸福的人总是有一些共同的特征，他们开朗、乐观、自信、坚强、豁达，善于发现生活中美好的一面，不惧怕任何苦难和挑战，即使面对失败也能迅速调整，收获成功。

父母要培养女孩自信、积极、乐观的品格，不仅是为了让她在人际交往中更顺利，更为重要的是，这些品格是她拥有幸福人生的重要保证。

★ 开朗是女孩美好性格的“源泉”，父母要抓住日常生活中的点点滴滴，不失时机地对孩子进行教育从而使之形成。

★ 乐观是一种性格，也是一种积极的生活态度，它能源源不断地给人提供动力，引领人奋发向上、不断向前，直至成功。因此打造乐观的阳光女孩至关重要。

★ 心理暗示对人的影响极大， 给女孩正面暗示，会让她朝着积极的方向发展。

★ 孩子不都是“无忧无虑”的，年纪再小也有她的烦恼与忧愁，父母要帮助女孩赶走“阴云”，恢复阳光。

★ 赞美就像是“养料”，它能为女孩提供莫大的鼓励，从而使她信心满满地向前奋斗。

★ 每个人都会经历失败，不要让女孩在失败后陷入沮丧难以自拔，要教会女孩在失败中寻找成功。

★ 父母要让女孩知道，做人要有进取心，同时也要懂得知足、克制贪欲，这样才能让她内心强大。

亲爱的爸爸妈妈们：初为人父人母，你们一定对孩子的教育有很多困惑和问题。本书针对女孩的特点和个性做出解答，帮助父母成为合格的家庭教育者，培养出优秀、有个性的孩子。

微信扫描下方二维码，还可以获得更多主编精心准备的线上养育方法。

1. 科学育儿，父母必上的 64 堂课！微信扫码即可获取。
2. 温和而坚定，让孩子受益一生的教养方式！微信扫码即可获取。
3. 微信扫码加入快乐女孩养成圈，分享育儿心得，学习育儿经验！
4. 育儿难题求解答？专家为你支妙招！微信扫码即可获取。
5. 线上记录孩子成长瞬间，时刻分享孩子进步喜悦！微信扫码加入我们吧！
6. 微信扫码，可获取知名营养师打造的育儿营养膳食食谱！

快来为您的孩子准备营养美餐吧！

PART 4

教导女孩学会自我保护

女孩就像是含苞待放的花蕾，美丽却也柔弱，再加之其思想单纯、社会经验不足，很容易轻信他人而让自己受到伤害。为了避免意外的发生，父母教导孩子学会自我保护尤为重要。

教导女孩学会自我保护的 7 个着手点

由于近年来女孩被骗、失联等意外状况频频发生，孩子的人身安全成为父母的“心病”。终日担心并没有实际效果，父母要做的是要教会孩子自我保护。

女孩要适度“圈养”

提起“圈养”，很多父母就认为是把孩子牢牢“锁”在自己身边，要隔绝一切事物，才能把危险拒之门外。其实，这种想法太过极端，“圈养”可以保护孩子的安全，但也要适度才行。

过度“圈养”常常会导致溺爱，父母把孩子看作是心肝宝贝，不能让她受一点委屈，对于孩子提出的任何要求都会百分百地满足和顺从，甚至有些父母会为了给孩子出气而去找老师；孩子不愿参加学校集体活动，父母就写“病假条”……

在父母这种畸形的爱与“圈养”中，孩子容易变得自私、任性，而且还会失去独立自主的能力，抗挫能力也很差，这会直接影响孩子未来的成长。可见，“圈养”孩子还是要讲究方式和技巧的，父母可以参考以下方法，学会适度“圈养”，才能让孩子免受伤害。

为女孩选择好环境

有些父母认为孩子年龄尚小，很容易模仿他人的行为，为了不让她学坏，就整日把孩子“圈”在家中。其实这种做法有欠妥当，教育专家指出，为了不让孩子学会坏毛病而剥夺她与同龄人的交流，这无异于饮鸩止渴。教育的关键在于父母如何引导，告诉孩子是非对错，同时还要为孩子选择“好邻居”“好环境”，让她在耳濡目染中变得气质卓然。

“圈养”要讲究方法

“圈养”并不代表父母的教养到位，有些家长把“圈养”当作“保障”，整天忙于工作，只是为孩子提供物质上的需求，对孩子的内心世界不闻不问。这种封闭式、隔绝式的“圈养”要尽量避免，同时也应摒弃无拘无束、放任自流式的“放养”，这些都容易导致孩子性格上的缺陷，容易形成“问题女孩”。

除了以上方法，意大利儿童教育家玛利亚·蒙台梭利曾对女孩的“圈养”问题提出过一些建议，父母也可以作为参考。

- 为女孩营造一个轻松、和谐的家庭环境；
- 适度“圈养”，让孩子养成好性格；
- “圈养”也要重视女孩与同龄人的交往，注重培养她的社交能力。

明辨是非，提高女孩的警觉性

当今社会有太多的不良信息充斥在孩子的周围，如果父母不加强引导和教育，培养孩子明辨是非的能力，提高她的警觉性，是很容易发生意外和危险的。

培养女孩的判断力

有些父母为了让孩子免受不良环境的影响，总会不自觉地通过恐吓、斥责的方式来警醒孩子。其实，父母要坚持正面教育，因势利导，发挥孩子的主观能动性，让她具有明辨是非的能力，孩子能够自己作出判断，才不容易受到不良环境的影响。

引导女孩表达自己的观点

自然地聊天可以让孩子将内心深处的观点表达出来，父母可以借此把握她的思想动态，并对一些不良现象渗透自己的看法和观念。这是一种教育孩子正确看待社会不良现象的方法。同时，父母也要提高自身素质，为孩子树立榜样，起到表率作用。

POINT

父母要保持一颗童心，试着用孩子的眼光看待她。你会发现，随着孩子的成长，她在读懂这个世界，而你走进了孩子的世界。

女孩的故事

孩子的心理

遇事要
多想一想

倩倩跟妈妈去市场买菜，看到街口有个老爷爷当众跪着，胸前挂着一块纸牌，上面写着：我是出来找自己的儿子的，但半路把钱弄丢了，请好心人救助……倩倩看了看，把钱从口袋里掏出来又攥住了，问妈妈："妈妈，那个爷爷会不会是骗子呢？"妈妈没说什么，让倩倩自己思考。

刚回到家，倩倩就想返回去给老爷爷送钱，妈妈说道："如果他是骗子呢？"倩倩灵机一动，拿出纸笔写道：爷爷如果你想回家，我可以让妈妈送你。妈妈的做法让倩倩学会了遇事多想一想，并提高了自己的警惕性。

孩子用好奇的眼光来观察周围的世界，外界的任何事物对她来说都有吸引力，包括好坏、是非、善恶。之所以会这样，是因为孩子的年龄尚小，心智还未成熟，缺乏警惕性，这就要求父母用自己的知识和经验来告诉孩子如何做到明辨是非曲直。

让女孩具有自我保护意识

孩子的生命安全比任何事情都重要，父母保护孩子的关键不是严加看管，也不是不准外出，而是要培养孩子的自我保护意识。

首先父母要让孩子与邻里保持必要的联系。邻里之间加强联络，对保护孩子的安全有积极作用。一旦发生意外而家中无人时，孩子就可以向邻居求助，这一点尤为重要。父母可以尝试以下做法：

- 允许孩子常去邻居家串门，与邻居家的小朋友一起玩耍，以增进感情。
- 让邻居知道孩子和自己家中的基本情况，方便及时联系。
- 对于经常独处的孩子，父母要引导她养成遇见危险向邻居求助的习惯。

其次，父母要向孩子传授安全常识，不过在讲授知识时不要过于严肃，可以利用生活中的各种恰当机会进行实地讲解和演示，例如：

- 过马路时，教孩子学会识别红绿灯，学会看两边的车流方向。
- 上下电梯时，教她如何开门关门，如果遇到紧急情况又该如何做。
- 使用工具时，教她学会正确拿握与操作。
- 吃东西时，要细嚼慢咽，不说笑，以免呛到。

除了以上这两点建议，父母还可以参考以下方法，只有增强孩子的自我保护意识和自我保护能力，才能从根本上避免意外和事故的发生。

父母应教育孩子尽量与熟悉的同伴在一起，也可通过游戏、故事等形式提高孩子的防范意识：陌生人搭话要保持警觉，坚决不能跟陌生人去任何地方，如果遇到危险就大声呼救。

父母要经常对孩子进行自我防护训练，例如牢记父母的姓名、电话，重要急救电话，附近派出所位置等。让孩子掌握面临危险时的逃脱方法和应对技巧，这一点尤为重要。

社会上的不法分子会用各种各样的行骗理由对孩子进行诱骗，父母要给孩子分析这些社会现象，告诉她这些坏人、骗子的真实目的，给她打好“预防针”，让她不要轻易受骗。同时告诉她如果遇到行骗回家后要告诉家长。

随着社会的发展，孩子身边的危险也会升级，传统的保护措施只能算是基础保护，父母要教给孩子一些新兴的自我保护措施，例如警惕网络诈骗，避免过度使用电子产品让眼睛受伤害等。

性教育没什么不能谈的

在很多父母的观念中，跟孩子谈“性”是一件难以启齿的事情，也正是这方面的教育缺失，才让越来越多的孩子没有树立起良好的两性观念，因此而不能保护好自己。

父母在知道具体的性教育方法之前，可以先来了解一下专家对性教育问题的一些观点。

- 性教育可分为幼童阶段（0～6岁）、童年阶段（7～10岁）和少年阶段（11～14岁）。
- 3岁左右的孩子应该对自己的性别有明确的认识，能清楚地认识到自己是女孩还是男孩。
- 3～7岁是性角色意识的重要培养阶段，孩子会在日常生活中进一步加深对性别、性角色的认识。
- 7岁之前的性教育，父母有着重要的作用，作为孩子的性启蒙老师，如果不给予帮助，孩子会很容产生这样那样的问题。

可见，父母的性教育与孩子的健康成长密切相关，那父母应该怎样跟孩子谈“性问题”，具体的教育方法是什么呢?

父母的言行举止具有教育意义

家会给孩子一定的安全感、轻松感，所以在家里对孩子进行性教育比较合适。父母的言行举止会让孩子从中体验到两性的和谐互动，从而达到性教育的效果。所以有时不需要刻意的说教，耳濡目染中孩子就能学到与异性相处的正确态度。

用自然的态度与孩子谈论性

父母在家里与孩子谈论性和身体器官，是一件自然的事情，不必因此感到羞耻，父母需要注意的是，谈论的过程中不要有太多的神秘色彩，否则如果成人都无法坦然面对“性”，再加上知识不足、难以找到有效方法等原因，和孩子谈论起来会更加困难。

教导孩子保护好自己的身体

当孩子能够正确、坦然地认识身体之后，父母就要让她知道隐私与自我保护的重要。教育她不能让别人随便触摸自己的身体，也不要随便触摸别人的身体，当然，除去出于礼貌的举动，如摸头、握手等另当别论。要让孩子知道，不能暴露或触摸身体某些部位，这不是可耻，而是出于对个人隐私的尊重。

POINT

对于孩子提出的疑惑，父母要用她能够理解的语言直接回答，或者通过专门的书籍读物让孩子学习相关知识，不能压抑甚至斥责、鄙视，否则会对其日后的身心健康产生不利影响。

别让网络成为侵犯女孩的“毒瘤”

电子产品的不断升级和普及在带给人们便利的同时，也带来了一定的不良影响，尤其是对于孩子。由于孩子的自控能力较差，沉迷于网络游戏、网络聊天的现象时有发生，造成学业荒废、价值观扭曲等问题，让家长感到很头痛。

静静最近对电脑越来越痴迷，不仅上网追剧，还对网游很感兴趣，有时甚至会逃课去网吧。妈妈发现这个问题后找静静谈话，静静却说：上课太无聊了，还是网络世界好，想干什么就干什么……

妈妈很害怕静静染上网瘾，但又没有找到合适的解决办法。

父母在纠正孩子沉迷网络现象之前，先要注意分清“网瘾”与一般性质的迷恋的差别。一般情况下，网瘾是指上网者由于长时间和习惯性地沉浸在网络世界，从而对互联网产生强烈的依赖，甚至到了痴迷的程度，导致难以自我解脱的行为状态和心理状态。与网瘾者相比，大部分孩子只是不同程度地迷恋网络，父母不要采取极端、强硬的做法去制止孩子，这样很可能会激起她的逆反心理，而是应该采取一定的方式方法，让孩子科学上网。

方法 1

告诉孩子网络的利与弊

在孩子刚接触网络的时候，父母要积极地引导，可以和孩子一同上网，帮她筛选一些有益的网站；告诉孩子在网上哪些事情可以做，哪些事情不可以做；应该怎样分辨、判断、选择信息；让她知道网络的优点与危害，同时还要告诉孩子如何在网络上进行自我保护。父母的指导就好像在提前“打预防针”，目的是增强孩子的网络“免疫力”。

方法 2

引导孩子科学适度地上网

有些家长常常会因为限制上网与孩子发生冲突，父母认为孩子要以学业为重，上网就是娱乐，会影响学习。其实孩子通过网络也可以获得知识，只是要注意使用频率。父母可以通过与孩子一起订立双方共同接受的“上网协议”来“和平解决”上网问题，例如规定上网的时间、目的、内容等，既有约束作用，又能满足孩子的需要。

方法 3

别让孩子通过网络寻求慰藉

有相关调查研究显示，很多孩子因为在家庭中感受不到温暖和关爱，才会到网络上寻求感情慰藉。所以，父母不要因为追求事业上的成功而忽略了与孩子的沟通、交流，要给予孩子足够的爱和关怀，让她觉得生活充实而有意义，才不会将感情和精力耗费在网络上。

帮助女孩走出早恋的“梦幻城堡”

孩子早恋，尤其是女孩的早恋问题会让很多父母感到头痛，对此不能放任不管，但不合适的处理方法会让孩子在错误的道路上越走越远。为什么孩子会出现早恋问题，父母又该如何做?

要想解决孩子的早恋问题，父母要先从根源上找到原因，“对症下药”才能“药到病除”，一般来说，孩子早恋主要有以下两方面原因：

- 缺乏家庭的关怀。有些父母忙于工作，没有精力关注孩子，或者父母只关注孩子的学习，却不留心孩子的心理动态，再加上青春期本来就不稳定的情绪，孩子只能寻找同龄人沟通，尤其是同龄的男生，时间一长就容易转化成早恋。
- 孩子自我意识增强。孩子有了自己的思想和见解，父母如果不聆听孩子的心声或用冷漠、指责的态度对待孩子，孩子没有沟通、倾诉的对象，但又渴望得到他人的理解和认同，就会寻找有共鸣的异性，这也是早恋现象产生的原因之一。

从早恋的原因来看，孩子对异性产生好感也算是一种正常反应，父母要想纠正此问题，堵不如疏，动之以情，晓之以理，采用合适的方法，孩子一般都会接受的。

父母不要采取强硬措施

大部分早恋的孩子都处于叛逆的青春期，她们都已经有了自己独立的思考，不会再像小时候那样轻信父母的话，如果父母采取强硬措施，反而会起到反作用。所以，父母只能慢慢引导孩子，用理解的语言、成人的思想和孩子耐心、平等地沟通、交流。

父母要理解孩子的这份青春悸动，但也要让孩子意识到，男女之间并不是只有爱，更多的是友谊。有时候父母会把"早恋"的罪名强加到孩子头上，反而会促使孩子真的加入"早恋"的队伍，这是父母需要自我反思的地方。

引导孩子自己做出决定

如果能让孩子自己作出决断，那往往是理性和彻底的，明智的父母可以通过引导孩子进行自我恋爱能力评估来达到这一目的。父母可以用谈话的形式，启发孩子思考为什么会喜欢对方，现阶段是否具备恋爱的能力，如果真的恋爱会面对哪些问题，自己要怎么处理等。

孩子会从这些问题中学会思考，自己真的喜欢对方，还是一时冲动？自己真的能对恋爱负责吗？恋爱很美好但真的是现在吗？这些反思会帮助孩子做出自我决断，从而结束早恋。

保持安全距离，警惕“性骚扰”

孩子单纯无知，最容易成为“色狼”的攻击对象，尤其是女孩。作为父母，有必要教会她一些自我保护的知识，远离“性骚扰”。

所谓性骚扰，通常定义为两点，一是任何人对其他人做出不受欢迎的性要求或不受欢迎的获取性方面好处的要求；二是他/她们做出其他不受欢迎的涉及性的行径，而这些行径使一个正常的人感到受冒犯、侮辱或威胁。总而言之，任何以言语或肢体做出有关“性的诉求”或“性的行为”使对象在心理上有不安、疑惑、恐惧等情况，均属性骚扰。为了让孩子避免性骚扰，远离性侵害，父母要告诉孩子正确的做法。

- 告诉孩子如果有异性总是探寻你的个人隐私，过分迎合奉承甚至行为举止异样，应引起警觉，并尽量避免与其单独相处。
- 孩子的衣着服装不要过于透明、裸露，举止切忌轻浮。
- 告诉孩子，如果在乘坐公交车时有可疑男性，要在靠近司机或者售票员的地方站立，不要挤在人群中间，尽量不同他同站下车。
- 教育孩子警惕网络“色狼”，如有过分言语或者其网络名称本身就取得比较暧昧，要马上拒绝或者删除。
- 当有人做出骚扰行为时，孩子要沉着冷静，设法脱身，情况紧急时要大声呼救，千万不要做“沉默的羔羊”。

女孩的故事

孩子的心理

不要沉默，
要勇于反抗

晶晶这学期担任了历史课代表，与历史老师的接触也随之增多。最近，历史老师总是会在放学后把晶晶单独留下，有时是“谈心”，有时是誊写成绩单。开始时历史老师会经常摸晶晶的头发，夸她漂亮，晶晶没在意，后来逐渐演变成言谈轻浮，还会做出一些出格的行为。晶晶意识到了问题的严重性，于是严词反抗，还说如果老师再这样就告诉校长和爸妈。

后来历史老师再叫晶晶帮忙，晶晶都是和同学一起去，晶晶态度坚决并且没有再与历史老师单独相处，也就避免了老师的骚扰。

近来，学生被老师骚扰的事情常有报道，有很多孩子因为畏惧老师的威严，再加上自身性格比较软弱，所以只能做“沉默的羔羊”，很少会像晶晶那样勇敢反抗。其实，孩子的这种沉默正是滋生骚扰邪恶势力的温床。父母要教育孩子，对于自己感到不舒服的行为要敢于反抗，即使实施者是老师，保护好自己不被侵犯是最重要的事。

教导女孩学会自我保护应注意的问题

很多父母有所不知，自己看似是保障孩子安全的做法，实际上并不科学，甚至有可能影响孩子的健康成长，例如以下这些问题，就是父母应该注意的。

不要过于干涉女孩的自由

很多父母认为把孩子“圈”在家中是没办法的办法，好像家里有足够多的好吃的和动画片，孩子就会平安无事。其实这无形之中在危害她的身心，父母应该在保证安全的前提下，给孩子以自由。

鼓励女孩多交朋友

很多孩子作为家里的独子，很难从家庭范围内找到“同伴”，邻里间的“同伴”也被父母出于安全考虑阻碍得似有似无，相比较来说，孩子大部分的“同伴”来自学校。但如果父母把孩子“圈”在家中，就会让孩子减少与人交往的机会，不论从成长的角度还是心理健康的角度，满足孩子的“同伴”感都很重要。所以父母不要因为过于担心安全，就把孩子与外界完全隔绝起来。

不要给女孩过多的限制

很多父母会给孩子设定许多限制，还会理直气壮地说“这是为你的安全考虑”，却不知道过多的限制会让孩子的生活变得乏味，性格变得内向。因此父母要多给孩子一些选择的自由。

教给女孩必要的安全逃生技能

作为父母，要尽到保护孩子安全的责任，教会她如何应对灾难，如何渡过难关，一些必要的安全逃生技能能在危急关头发挥大作用。

火灾逃生

当有火灾发生时，要选择相对安全的楼梯通道逃生，切勿乘坐电梯，同时为了防止浓烟吸入和烫伤，可以将毛巾衣被打湿，捂住口鼻，裹好身体，弯腰或匍匐撤离。

水灾逃生

如果水灾较为严重或者突然，来不及转移时，可以多储备一些食物、水等，并向高处转移，等待救援人员营救。如果水位一直处于上涨状态，有能力的孩子可依据实际情况，自制逃生工具，任何可以漂浮的东西都可以用做木筏，如果一时找不到绳子，可以把衣服撕开代替。

地震灾害逃生

发生地震时，要尽量远离高大的建筑物，应该跑到空旷的场地，并躺在地上，避免地震摇晃时失去平衡；如果没有空地，应躲在坚固的床或桌子下，并用被子、沙发垫等柔软厚实的物体盖住头部，以免砸伤。

POINT

父母可以通过模拟游戏、相关书籍等向孩子教授安全逃生的技能，并让孩子牢记相关报警、救助电话。

让女孩懂得珍爱自己的重要性

如果孩子能成长得快乐、坚强、勇于挑战、乐于承担，那应该是每位父母都想看到的。那怎样才能培养出这样的孩子呢？关键在于，让她树立良好的自我价值观念，让她懂得珍爱自己。

在父母的引导下让孩子对自己有一个正确的认识，让她知道每个人都不是完美无缺的，都会有自己的缺点和优点，客观合理的评价才不会让孩子形成唯我独尊的观念。

当孩子在父母的鼓励下不断完成事先所设定的目标时，不仅能收获成功的喜悦，还会成就孩子的自信心，让她知道自己的价值所在，久而久之就会让孩子具有珍爱自己的能力。

培养孩子懂得珍爱自己，其关键点就是要让她感觉自己有价值。因此，父母要尊重孩子的天性，经常给予鼓励和表扬，让她觉得自己是被认可且有价值的人。

如果父母过于专制，孩子会因常常受责备而形成自卑心理，或者凡事由父母决定，孩子会没有自己的见解和主张。相反，和谐民主的家庭氛围，才能让孩子养成珍爱自己的意识。

本章要点　自我保护让女孩远离危险

父母的保护伞不可能遮挡所有的危险，孩子终究是要自己去面对风雨，父母与其整日担心，不如让孩子学会自我保护，这样才能躲避危险的漩涡。

女孩本身性格就比较柔弱，且心思单纯、善良，再加上父母事无巨细的照顾和安排，很多女孩对外界潜在的危险并不知情，所以常常成为坏人侵犯的“对象”。要想孩子健康成长，父母不妨从以下几个方面给予孩子帮助。

★ 女孩天生爱美这是自然的，但打扮也要讲身份、要得体，特别是进入青春期的孩子，不要穿着过于暴露、妖艳，举止不要轻浮，否则就是在向不法分子“传递信号”，很容易受到侵犯，父母要教育孩子举止端庄、自尊自爱。

★ 当遇到危险情况时，智慧的做法会帮助孩子尽快逃离险境，例如尽量不要激怒对方，可以转移对方的注意力，让其放松戒备心，趁机逃走；遇事冷静保持警觉，最好能随机应变或者设法拖延时间；智取逃脱，千万不要以暴制暴等。

★ 父母可以通过游戏或书籍，教会孩子一些必要的逃生技巧，包括牢记报警电话，认识安全标识以及面对险情如何自救等。此外，父母还要提醒孩子不要独自去偏僻的地方，如果有人做出让自己感觉不舒服的事情，要勇于反抗。

亲爱的爸爸妈妈们：初为人父人母，你们一定对孩子的教育有很多困惑和问题。本书针对女孩的特点和个性做出解答，帮助父母成为合格的家庭教育者，培养出优秀、有个性的孩子。

微信扫描下方二维码，还可以获得更多主编精心准备的线上养育方法。

1. 科学育儿，父母必上的 64 堂课！微信扫码即可获取。
2. 温和而坚定，让孩子受益一生的教养方式！微信扫码即可获取。
3. 微信扫码加入快乐女孩养成圈，分享育儿心得，学习育儿经验！
4. 育儿难题求解答？专家为你支妙招！微信扫码即可获取。
5. 线上记录孩子成长瞬间，时刻分享孩子进步喜悦！微信扫码加入我们吧！
6. 微信扫码，可获取知名营养师打造的育儿营养膳食食谱！

快来为您的孩子准备营养美餐吧！

PART 5

给予女孩柔中带刚的坚毅力量

对于女孩来说，学会柔中带刚、坚强勇敢是一堂必修课。对于父母来说，养育一个内心强大的女孩，要动用自己的智慧，学会培养坚毅女孩的养育方法，才能让自己的“小天使”逆风飞翔。

给予女孩坚毅力量的7个着手点

挫折教育在育女过程中发挥着重要的作用，我们不仅要培养温柔、乖巧的女孩，更重要的是让她柔中带刚，拥有坚毅的力量。

让女孩明白适者生存的道理

当今时代，很多父母秉承着“女孩要富养”的育女观念，总想给女孩最好的。于是，当孩子想要一个芭比娃娃时，妈妈会毫不犹豫地买下最大最贵的给她；当女儿想要一个飞机模型时，爸爸一定给她买一个既能飞又轻巧的，这样才算满足孩子的心愿……这一类父母总认为，只有不断满足，才是孩子应该有的舒适生活。可是，事实真的如此吗？

心理学家指出，孩子正处于成长阶段，与她的身体一起成长的，还有她的性格，而生活环境对于孩子性格的成长影响非常大，如果一个孩子总是生活在一个舒适的、顺心的环境中，久而久之，她的斗志就会在不知不觉中被扼杀，一旦遇到挫折，势必会不堪忍受，这对于孩子的全面发展来说是极为不利的。

所以，家长应树立挫折教育的意识，在适当的时候，别忘了给女儿换换环境，让她知道，不是所有的要求都可以被满足。所谓“物竞天择，适者生存”，短短八个字，道出了生命进化的本质，更道出了冰冷的残酷事实。这个世界就是一个角斗场，每天都有落幕和开始的角色，想要生存，一味地舒适只能让女孩柔弱到失去立足的“根基”，有时要拿出点刚性才行。

文文从小就特别争强好胜，无论做什么事情，都想赢。妈妈发现了女儿的这个特点以后，觉得不能任由她这么发展下去，于是想了一个办法。

有一个周末，母女俩一起玩一个毛线球的游戏，以前玩的时候，妈妈总是故意让着文文，这次却一点儿都没让，接连赢了她好几局。文文气坏了，从前的“常胜冠军”成了“常败冠军”，这可是从来没有过的事。一生气，她把毛线球全部都丢到了地上，哭了起来。这时候，妈妈很严肃地对女儿说：“刚才明明是我赢了，你为什么不能接受呢？为什么只能你赢，别人却不可以呢？以前我输了的时候有像你这样发过脾气吗？”文文自知理亏，羞愧地擦干眼泪，低下了头。妈妈接着对她说：“孩子，你以后就会明白，生活并不是一帆风顺的，就像玩游戏一样，总会有赢有输。输了也没有什么大不了的，关键是看你怎么面对。”

妈妈的这番话对文文起到了很大的作用，在她成年以后，无论面对什么样的挫折和困难，她都能有战胜的勇气和信心。

这个故事，对于我们教育女儿是很有启发意义的。案例中的妈妈懂得给女儿提供一个略显“冷酷”的环境，让她明白适者生存的道理，在这种教育下，孩子就会知道，没有人会一直让着自己或者自己会一直赢，做任何事情，都不能过于依赖别人，只有靠自己去争取和努力，不怕失败，才能最终走向成功。

具体来说，父母应该做到以下两点：

- 让女孩明白生活并不总是顺遂自己的意愿，关键在于当生活“有求不应”时，应保持什么样的态度。
- 让女孩懂得社会上的竞争激烈，只有付出才有收获，而不是“要什么给什么”。

每个女孩都是爸爸妈妈的掌上明珠，是家里的小宝贝，然而，父母不可能做女儿一辈子的靠山，女儿也不会当一辈子的公主。所以，父母应该尽早让女孩明白优胜劣汰的自然规则，有斗志地去生活，靠自己的力量，成为日后的女王。

娇养并不是娇生惯养

我们说女孩要娇养，但不是娇生惯养，这两种教育方式存在明显差异，只有父母区分清楚，才能给予女孩正确的教养。

娇养不等于娇生惯养

娇养即“娇着养”，是给女孩真正的、理智的爱；娇生惯养则不同，它是一种溺爱，父母的过分溺爱会让孩子变成温室中的花朵，看似茁壮成长，实则经受不起任何生活中的考验。

在现代社会中，很多父母都对自己的女儿娇着养，有的父母可以很好地运用这种方式，做到娇养有度，对女孩的不合理要求敢于说“不”；有的父母则会混淆娇养和娇生惯养的概念，无论什么事情都顺着女孩的心意，这是不对的。如果长此以往，对女孩非常不利。

一般来说，父母对女孩娇生惯养，表现在以下两个方面：

- 视女孩为掌上明珠，处处姑息迁就，尽最大可能满足她的愿望和要求，对她百依百顺。
- 不让女孩接触她力所能及的事情，不注重培养女孩的独立性，不让她承担任何家务劳动，无论什么事情都为她打算好，可以说包办一切。

娇生惯养的危害

著名的教育学家安东·谢苗诺维奇·马卡连柯曾说过这样一段话：“家长们动不动就说，身为父亲和母亲，一切都以孩子为出发点，一切都是为孩子着想，可以为他牺牲一切，甚至可以将自己的幸福置之度外。这实际上是父母送给孩子最可怕的礼物了，娇生惯养是父母为孩子种下的一粒有毒的种子。”

娇生惯养的女孩，在面对挫折、意外打击时，心理的承受能力一般都很差，也许从表面上看，她们个性张扬，实则内心十分脆弱，不堪一击，就好似一只完好无缺的蛋壳，只要稍微一捏就会变成碎片，这在心理学上称之为“蛋壳效应”。此外，这类女孩还会养成一些坏毛病，甚至会不学无术，走上邪路，具体来说，普遍会有如下表现：

- 自以为是，骄傲，觉得任何人都不如自己。
- 脾气大，动辄生气，需要人哄，蛮不讲理，还无理搅三分。
- 处事幼稚，不会独立思考，凡事习惯于坐享其成，喜欢不劳而获。
- 缺乏现代理财意识，不会规划未来生活，花钱无规划，喜好奢侈品。
- 自私自利，眼里只有自己，没有他人。甚至连自己的至亲也不懂得关心。
- 心胸狭小，没有容人之量，有的还睚眦必报，小肚鸡肠，容易产生极端念头。

娇生惯养如同洪水猛兽，吞噬着女孩的意志力、抗挫折能力、独立自主的能力、勤劳节俭和温厚孝顺的美德以及艰苦奋斗的精神，对女孩的成长产生严重的不良影响。所以，父母一定不能对自己的女儿娇生惯养，而应掌握正确的“娇着养”的育女经，做到爱之深而不溺，爱之热烈而理智。只有这样，才能培养性格健全、开朗乐观的女孩。

女孩这样“娇着养”

首先，父母要做到对女孩尊重有度。在处理与女孩的关系时，父母应扮演女孩的长辈以及知心朋友的角色，并合理拿捏其中的分寸。如果过于尊重女孩，就会演变为没有原则的妥协；反之，如果对女孩尊重的程度不够，就可能随时与孩子发生冲突。父母可以试着用委婉而温和的态度和女孩沟通，取得女孩的信任，让她对自己敞开心扉，同时遵从父母的一些决定。

其次，要学会对女孩不合理的要求说“不”。法国著名的社会学家让－雅克·卢梭曾在著作《爱弥儿：教育》中说过：“你知道怎么做会使你的

孩子感到痛苦吗？这个方法就是对他百依百顺。因为有种种满足他欲望的便利条件，所以他的欲望就会变本加厉、无法遏制。终有一天，你会由于自己的能力所限而不得以拒绝他，突然遭到的拒绝会让他的痛苦比得不到他想要的东西还要强烈。”因此，如果你的女孩对你提出过分的要求，一定不要盲目答应。父母可以通过耐心地询问，了解孩子为什么会提出这种要求，并针对原因告诉孩子不能满足其要求的理由。当然，父母也可以通过延迟满足的方法来帮助孩子控制她的欲望，例如当她想要一件新衣服时，可以把这种要求放到节日中去，当作礼物来送给孩子。父母这种有限度地满足，会让孩子学会适度提出自己的要求，以及如何控制自己的欲望，等她长大以后，就会懂得珍惜、感恩，而不是一味地索取和不满足。

最后，父母应学会适度“淡化”自己的爱。随着女孩的不断长大，父母应逐渐撤除挡在女孩身边的“保护伞”，让女孩学会主宰自己的生活，拥有独立自主的能力，并在生活的风风雨雨中锤炼和成长，从而具有坚毅的品格和顽强的毅力。

女孩要温柔也要柔中带刚

女孩要温柔，但也要柔中带刚，只有这样，才能保护自己免于受到伤害。家长在培养女孩的时候，应牢记这一点。

柔弱的女孩运气没那么好

柔弱的女孩的确惹人怜爱，她们以其女性化的魅力更容易让别人产生好感，当然，在遇到困难的时候，别人在力所能及的范围内也会乐于提供帮助。但是，这并不代表我们要养育一个柔弱的女孩，要知道，在关键的时候，尤其是面对利益时，更多的人看重的并不是柔弱，而是价值。也就是说，如果一个人对别人来说有价值，他们才会看重他——这就是现实。职场中，老板选择员工往往不会考虑柔弱的女子，甚至有的职业还有性别歧视。这是因为她们不能给公司带来价值，对企业的发展并无助益。即使有的企业聘用了这样的员工，她们也很难得到晋升的机会，因为与其他人相比，柔弱的人往往气场不足，难以服众，几乎注定要在平凡的岗位上度过自己的一生。而在择偶时，大多数男性也更愿意选择那些坚强的、有能力的女性作为自己的伴侣。我们可以看看生活中比较常见的一个例子。

小雨是个漂亮的女孩，不管在家人还是同学的眼中，她都是那么娇小可人，所以备受父母的疼爱和师友的呵护。年幼的小雨就在这样的环境中，一天天长大，直至大学毕业。

小雨开始找工作，然而却屡次碰壁，她很不解，为什么自己从小到大都是顺风顺水地度过的，到了这时候却屡屡失败呢？后来，小雨又一次面试失败后，找到了这家公司的面试官，打算问个明白。面试官了解了她的来意后，回答她说："我们并不喜欢娇滴滴的柔弱女孩，因为公司并不是员工的保护伞。作为公司的招聘人员，我们更希望为公司招到坚强、独立的女性，这样的人也能更好地为公司做出贡献，创造更多的价值，你觉得呢？"

这时候的小雨明白了，原来是自己从小到大的柔弱，让她一直找不到合适的工作。可是，这俨然已经成为了一种难以改变的性格。要想让自己找到一份满意的工作，或许她要比别人付出更多的努力，表现出更多其他方面的优势才行。后来，她找到了一份后勤的工作，不需要竞争，薪水也不高，但是她并不开心。

由以上的案例我们可以直观地了解到，小雨虽然前半生过得顺风顺水，但是却为后半生的挫折埋下了伏笔，工作难找、屡次碰壁，正是柔弱的女孩不易获得真正幸福的表现。

不要让女孩做折翼天使

作为家长，要引导自己的女孩做一个温柔懂事、内心强大的人，不要让她成为折翼天使，承受不了人生的挫折。那么，具体该怎么做呢？

首先，要明确告诉女孩，一个人能真正在社会上立足，是源于他所提供的价值。父母可以通过一些身边的案例向女孩进行说明：柔弱的女孩即使很受欢迎，但也只是暂时的，以后往往很难有出息，这是因为这一类女孩不能承受委屈，要依靠身边的人，需要被照顾，也有很多不能做的工作……在讲究利益的社会，这样的女孩注定不会得到人生的幸福。

其次，当女孩明白了不可以做柔弱的女孩后，父母要及时引导她积累知识、提升情商、健全人格，告诉她在这个社会上受欢迎的女孩是那些有能力胜任工作、懂得关心他人、有好人缘的人。换句话说，就是那些能够给别人带来价值的、内心强大的女孩，让女孩温柔，更要柔中带刚，才是赢得社会尊重、创造自我价值的法宝。

让敏感女孩学会坚毅

在生活中，有这样一类敏感的女孩：她们无法适应很多刺激，比如，膝关节的皮肤被轻微地刺了一下，就会大哭；看到虫子，也会吓得大叫起来；如果妈妈抱别的小朋友，她就会觉得伤心；如果手中的玩具被抢走，她不是想办法拿回来，而是倒地哭起来……

除此之外，敏感的女孩在对待事情时总显得比其他人更较真，她很在乎父母、老师、同学等外人对自己的评价。很多时候，一件不起眼的小事，一句无足轻重的话语，都可能让她觉得受了莫大的委屈而伤心不已。

面对这样敏感的女孩，父母常常觉得不知所措，其实，我们应该引导她学会坚毅。

让女孩的情绪得到宣泄

对于孩子来说出现情绪波动是正常的，当女孩感到委屈、伤心时，家长应及时帮助她把这些不良情绪宣泄出来，并告诉她这没有什么，要坚强面对。

帮助女孩建立良好的人际关系

父母应当让敏感的女孩多跟其他孩子交往，在交往的过程中，引导她建立正常的、良好的人际关系，并向其他孩子学习，改善敏感。

教女孩用坚强战胜痛苦

美国的一项心理学调查发现，容易成功的人，往往具备三种性格品质，即不畏挫折的坚持力，善于为实现目标不断积累的忍耐力和自信心，这三条都属于性格的意志特征。在养育女孩的过程中，让她形成坚强的品质，用坚强战胜人生道路上遇到的挫折和痛苦，也是父母必学的功课。

让女孩学会自己生活

当今社会，很多孩子，尤其是女孩都过着衣来伸手、饭来张口的生活，这直接导致了女孩独立生活能力的退化，同时对她的成长也是不利的。要培养女孩成为强者，父母首先要让她学会自己生活，做力所能及的事情。

在生活中，能够自己处理事情的女孩往往会表现出坚强的一面，在面对挫折和痛苦时，她也有能力自己去处理，不会感到无所适从。

教会女孩凡事再坚持一下

一位英国母亲这样描述自己的幼年经历：有一次，我和小朋友们一起玩游戏，手指不小心受伤流血了，我的眼泪在眼睛里打转，但是在心里却告诫自己，一定要坚持住！最后，我忍住了自己的眼泪，继续和伙伴们玩耍。因为我知道，一旦我流泪，他们就会认为我是懦夫，以后也不会和我玩了。现在，我也会告诉孩子，在遇到困难的时候，多坚持一下，你就是强者！

从挫折中找到积极的精神力量

俗话说失败是成功之母，其实，挫折并不都是坏的，倘若能从中吸取经验和教训，找到积极的精神力量，未尝不是一件好事。在养育女孩的过程中，也是如此。

一位女作家曾经写过一篇回忆文章，回忆她的父亲在她童年时如何教育自己面对挫折。她在文章的最后饱含深情地写道："正是父亲的这种教育，使我在以后几十年的风风雨雨中能坦然面对挫折，使我更有了前进的动力。"

可见，给予孩子一定的挫折教育，让孩子从中学会正确面对困难，是很有必要的。日常生活中，父母要有意识地教育女孩这些。

培养女孩的好心态

父母应着重培养女孩良好的心态与正确的三观，在面对挫折时，让女孩知晓前途是光明的，道路是曲折的，多动脑筋，不急不躁，相信办法总比困难多。

让女孩从挫折中多总结

当女孩遭遇挫折后，父母要善于把每一次挫折当成一个机会，帮助女孩多总结经验，并改正身上的缺点，这样不仅能避免孩子下次再犯同样的错误，而且能让女孩变得更加成熟。

学习名人，积极应对挫折

父母可以给女孩讲一些名人故事，看看他们在遭遇挫折时是如何应对的，让她效仿，以此鼓励女孩积极应对挫折与困难。

别给女孩贴上“软弱”的标签

很多父母都觉得，女孩天生比男孩软弱，更需要父母的呵护。不过，有教育学家指出，父母不应给你的女孩贴上“软弱”的标签，这对她的健康成长并无益处。与此相反，父母应该从小就重视培养女孩坚强的个性，让孩子在以后的人生道路上能够坚强地朝自己的目标走下去。

不要把女孩看作弱者

父母要想让自己的女儿变得足够坚强，就要向居里夫人学习，千万不要把女孩当成弱者来看待。

科学家居里夫人很注意培养孩子的坚强性格，从来不把自己的女儿当成柔弱的孩子。在第一次世界大战期间，她把大女儿带到战争前线救护伤员，在艰苦的环境中锻炼孩子的心智。1918 年，巴黎正遭受德军的炮击，她要两个女儿留在那里，并告诉她们，在轰炸的时候，不要躲到地窖里发抖，应该勇敢起来。这种把孩子当成强者的育女态度，让她的孩子们最终成为了和她一样坚强的人。

只有让孩子自己去站立，她的双腿才会强壮，意志才会坚定，才不会轻而易举地被生活的风雨打倒。

给女孩告别软弱的自主机会

有的家长喜欢包办女孩的一切，不管是在学习上，还是在生活中，凡事都由自己代替孩子做。久而久之，女孩渐渐丧失了自主的能力，变得软弱、依赖父母。

聪明的家长应及时做出改变，多给孩子一些自主的机会。凡是孩子能自己做的，家长就不要越俎代庖了，同时还要坚持这样三个原则：

- 孩子能干的，父母绝不替她干。
- 孩子不会干的，家长教她干。
- 孩子请求父母干的，父母要考虑该不该干。

培养女孩的耐挫力

耐挫力是指当个体遇到挫折时，能积极自主地摆脱困境并使其心理和行为免于失常的能力。耐挫力强，可以化解挫折带来的不良影响，尽力克服困难，积极解决问题，创造性地完成任务，从而增进知识和才干，培养坚强的意志、克服困难的能力，形成积极向上、坚忍不拔的个性特征；耐挫力弱，则会消极悲观，丧失信心，失去前进的动力和目标，对个体发展产生消极的影响，形成不良的个性。

耐挫力是以意志为基础的，一般说来，意志强，耐挫力也强，坚强的意志是对抗挫折的必备武器。家长应适度培养女孩的耐挫力，这样女孩在面对挫折的时候，才不至于过于软弱。

给予女孩坚毅力量需注意的问题

养育女孩，培养她坚毅的品质，需要父母注意以下三个方面的问题。尤其是对于新手父母来说，了解这些注意事项，有助于更好地培养女孩。

别低估女孩的承受能力

很多父母往往容易低估女孩的承受能力，担心她们无法承受挫折的打击，因此对挫折教育抱着半信半疑的态度，更愿意小心翼翼地守护女孩。然而，在现实生活中，有哪个人会不经受挫折的洗礼呢？奉劝家长们，适时地让女孩承受一些挫折，不要低估她，孩子会变得更坚强。

可可已经8岁了，但是还不能很好地照顾自己，比如，在上学时经常忘记带东西，大到校服、书包、午餐，小到铅笔、橡皮、红领巾，都有被遗忘的经历。每当可可忘记带什么东西的时候，她都会让老师给自己的妈妈打电话，让妈妈给她送到学校里来。这样一来，妈妈只好在百忙之中抽出时间来为她送各种各样的东西，不仅耽误了自己的工作，还不能让女儿养成良好的生活习惯，这让可可的妈妈十分苦恼。

后来，妈妈去向一位教育专家咨询这个问题，专家给了她一个建议，那就是当孩子犯错屡教不改时，可以暂时不要管她，让孩子自己尝尝错误的后果。妈妈和爸爸商量了以后，决定试一试这个方法。

回到家，妈妈和爸爸一起教育可可：“可可，你已经上小学了，有些事情应该不要爸爸妈妈操心了，以后要记得带东西。我们都很忙，今后都不会再到学校给你送了。”可可听完后，点了点头。后来可可虽然忘记带过几次，但是因为没有了爸爸妈妈的帮助，她反而长记性了。再后来，她便慢慢改掉了这个坏习惯。

在这个故事中，可可的父母因为担心孩子忘记带东西影响正常的上学，常常去给她送，一再姑息孩子的错误，但这样孩子并不会改正。后来，父母改变了做法，可可亲身尝试了犯错的后果后，就再也没犯过错了。

可见，孩子是具备一定的承受能力的，父母应锻炼孩子的这一能力，而不是让孩子养成依赖别人的坏习惯。不要认为孩子柔弱到经受不起任何失败，要把对孩子的关心转变为期望和鼓励，使女孩知道通过自己所做的事情，得到了什么经验，学到了什么知识，这才是成功的教育。

适度放手，给女孩历练的机会

在女孩成长的道路上，难免会跌倒和受伤，只要每一次跌倒后都能自己爬起来，就会站得更稳，走得更好。作为父母，要懂得对女孩该放手时就放手，这样她才能学会如何面对困难，并变得坚强和勇敢。如果一味地充当女孩的保护伞，看到孩子遇到一丁点儿的困难，就介入其中，把孩子解救出来，那么孩子就如同温室里的花朵，经不起风吹雨打，失去一次次成长的机会，将来也定不会长成参天大树。

有这样一则新闻：

某女生考取了国内的一所知名大学。可是入学后，她不会洗衣服，不敢一个人去食堂吃饭，更无法适应没有父母在身边的集体大学生活，无法在宿舍入睡。于是，开学没多久，她便打电话把母亲叫来学校，照顾她的日常起居和生活。

新闻中的这个女生虽然是知名大学学生，但是连基本的生活自理能力都没有，需要父母在身边照顾自己。这样的教育无疑是失败的。真正爱孩子的父母，应该放开手，引导孩子学习掌握独立自主的能力，这样孩子才能过好自己的生活，而不是一味地依赖他人。

因此，在培养女孩坚毅的品质时，家长一定要注意这一事项，给女孩适度历练的机会，这是使女孩变得坚强、勇敢所必不可少的。

“输得起”的女孩是教出来的

著名的教育学家陶行知说：“不要担心挫折，应该担心的是，怕挫折而不敢让孩子做任何事情。”女孩对成败的认识，直接关系到她的心理成熟度。输不起，实际上是一种渴望成功的表现，也是好胜心强的表现。面对成长过程中遇到的各种各样的挫折，输不起的孩子往往会情绪低落，心里痛苦，这严重影响孩子性格的养成。

因此，为了让孩子坚强地面对未来，父母要正确引导孩子，必要的时候，可以给孩子人为设置一些障碍，让女孩学会“输得起”。

让女孩知道有输就有赢

所谓胜败乃兵家常事，生活中，父母可以多给女孩讲一些勇敢接受失败、不断努力求胜的伟人故事，让她知道输赢是每个人成长过程中都必须经历的，“输了”并不丢脸。这样才能不断增强孩子的心理成熟度，以适应不断变化的环境，让女孩能坦然面对输赢。

教女孩正确面对输赢

培养女孩赢不骄傲、输不气馁的风度很有必要。女孩输了以后，父母要对她进行适度的安慰，告诉孩子“这次输了不代表每次都会输，只要尽力参与就好”；如果孩子成功了，也不要让她过于骄傲。只有看淡输赢的结果，才能让女孩在自己的人生道路上走得更顺利。

本章要点 一颗坚毅的心让女孩不再娇弱

女孩并不是柔弱的代名词，同男孩子一样，也需要一颗坚毅的心。父母在养育女孩的过程中，应通过多种方法，给予女孩柔中带刚的坚毅力量。

★ 都说孩子是祖国的花朵，但“温室中的花朵”经受不起风雨的考验。家长要让女孩告别娇弱，才能在社会上立足，站稳脚跟。

★ 我们说女孩要娇养，但不要娇生惯养。不要让你的女孩成为“公主病”的代表，这对她的身心成长都是不利的。

★ 女孩要温柔，更要柔中带刚。现在社会对女孩的要求并不低，要想让女孩经得起风雨，就要让女孩变得刚毅。

★ 一些女孩可能会比较敏感，这与她们所处的家庭环境和从小的个人经历有关。如果你的女孩是这样的，那就更需要父母花费心思，让她获得坚毅的力量。

★ 痛苦是人成长的垫脚石，没有哪个人不会经历挫折和痛苦，关键是如何应对。教你的女孩用坚强战胜痛苦吧，这是一剂成长的良药。

★ 光经历挫折是不够的，父母更应当让女孩从中找到积极的精神力量，只有这样才能发挥挫折的积极作用，让女孩得到成长和历练。

★ 父母千万不要给你的女孩贴上“软弱”的标签，要知道软弱的人并不能给这个社会和他人带去价值，将来也不会收获自己人生的幸福。

亲爱的爸爸妈妈们：初为人父人母，你们一定对孩子的教育有很多困惑和问题。本书针对女孩的特点和个性做出解答，帮助父母成为合格的家庭教育者，培养出优秀、有个性的孩子。

微信扫描下方二维码，还可以获得更多主编精心准备的线上养育方法。

1. 科学育儿，父母必上的 64 堂课！微信扫码即可获取。
2. 温和而坚定，让孩子受益一生的教养方式！微信扫码即可获取。
3. 微信扫码加入快乐女孩养成圈，分享育儿心得，学习育儿经验！
4. 育儿难题求解答？专家为你支妙招！微信扫码即可获取。
5. 线上记录孩子成长瞬间，时刻分享孩子进步喜悦！微信扫码加入我们吧！
6. 微信扫码，可获取知名营养师打造的育儿营养膳食食谱！

快来为您的孩子准备营养美餐吧！

PART 6

打造气质满分的精致女孩

养育女孩，气质必不可少。无论是温文尔雅的谈吐、优雅的艺术气质，还是干净整洁的仪表、端庄得体的打扮，这些都需要父母悉心学习。那怎样才能养育出精致女孩呢？可以看看书中有哪些养育心得。

打造气质女孩的 7 个着手点

有气质的女孩能散发出迷人的气息，让人眼前一亮，过目不忘。要养育女孩，打造她的气质是必不可少的。下面给家长介绍 7 个着手点，从现在开始，培养气质女孩吧！

温文尔雅的谈吐更适合有气质的女孩

俗话说：“良言一句三冬暖，恶语伤人六月寒。”谈吐礼仪能通过传递尊重、友善、平等的信息，给人以美的感受。温文尔雅的谈吐能够让女孩在社交中无往不利。

说话的魅力

- 影响说话者能否在别人说话时表现出足够的自信。
- 直接影响说话者的吸引力。
- 关系说话者能否具备自如说话的勇气和能力。
- 关系到双方是否能够具备或维持良好的人际关系。

一般有气质的女孩，谈吐都不会太差。由此我们可以知道，要想让女孩变成一位谈吐温文尔雅的小淑女，增加她说话的魅力是极为重要的。

谈吐礼仪知多少

具体来说，在培养女孩的谈吐礼仪时，可以从培养她说话的语气、语调，说话的身姿、手势、表情等方面入手，因为这些都可以从侧面折射出女孩的魅力。

- 说话的音量要大小适中。
- 说话的速度要快慢适中。
- 说话时吐字应尽量清晰。
- 说话的音色要具有美感。
- 说话语气要温柔和缓，不要粗声粗气。

- 说话时讲究文明礼貌，多用文明用语，如“谢谢”“请”“您”等。
- 不说脏话，不顶嘴，不做不雅的动作，如挖鼻孔、剔牙、掏耳等。
- 别人讲话时要认真倾听，不随意打断。
- 别人指明自己的失误时，要心怀感激，不要生气。
- 别人的话如果很有道理，要微笑点头称赞；反之，如果很不合理，也不要急着反驳，要等对方说完后，再说出自己的道理。

高雅父母为孩子树立榜样

都说父母是孩子的第一任老师，在气质塑造方面，父母，尤其是妈妈对女孩的影响是非常大的。因为她从小就会把妈妈当成自己的模仿对象，如果妈妈在日常生活中不注意自己的言行举止，也会在潜移默化中影响女孩的谈吐，并演变成一种常态。

有这样一位母亲，她是一家建筑公司的项目经理，由于在平时的工作中经常接触一些男性，性格也变得非常豪爽，说话粗声粗气，有时候还会大声地批评下属。没想到，在妈妈的这些影响下，她的女儿也开始变得“不拘小节”，常常大喊大叫，把玩具布娃娃弄得缺胳膊少腿，有的时候还会带着小伙伴和其他小朋友打架，俨然成了一个“假小子”“女汉子”。这位妈妈日后非常后悔，却也很无奈。

所以说，要想把女孩培养成谈吐优雅、举止有仪的小淑女，父母，尤其是母亲首先要做一个优雅的女人，为女儿树立榜样。相信通过父母的引导再加上反复练习，每一个女孩都可以把优雅的谈吐当成一种习惯，成为人见人爱的姑娘。

POINT

如果女孩本身已经有了粗鲁的行为，家长不要一味地否定孩子，而是要找到原因，对症下药，帮助孩子解决问题，同时还要注意方式方法，以免伤害孩子的自尊心。

通过艺术美，熏陶女孩的优雅气质

气质是女孩鲜亮的衣裳。如果一个女孩缺少优雅的气质，即使长得再漂亮，穿得再华丽，也会给人一种呆板、肤浅、不耐看的感觉。而一个有气质的女孩,即使穿着平凡朴素的衣服,也能很快地吸引大家的眼球。

我们说哪个女孩具有优雅气质，这不仅代表着她形体优美、气质高雅，更表示了她内心的丰富。有优雅气质的女孩，也是有生活情趣的女孩。等到她们成年以后，对于常常干扰女性的孤僻、冷淡等心理疾患和一些亚健康问题，也具有一定的免疫力。

那么，如何让女孩具备优雅迷人的气质呢？增加她的艺术修养吧！通过艺术，熏陶女孩的优雅气质，这是行之有效的举措。音乐、舞蹈、绘画等都可以用来提高女孩的艺术修养和优雅气质。

为女孩创造良好的音乐氛围

许多伟大人物在回忆自己的少年时代生活时，常常对那些被艺术之美所启迪的时刻记忆深刻。现实生活中，也不乏这样的案例。

梅梅是一个音乐爱好者，从自己的童年时期开始，她就受到妈妈的影响，感受过音乐之美。

梅梅的妈妈是一个钢琴演奏家，从小，她便很注重对女儿音乐方面的熏陶和培养，比如，每晚固定在家弹奏一曲优美的音乐，让女儿在一旁聆听，并发表自己的意见和看法；每周带女儿去听一场音乐会，感受音乐的流动，触动心灵的震撼；每年妈妈去参加演出时，只要女儿有时间，也会带上她一起，让她感受音乐对人们生活的影响……久而久之，梅梅也在这种潜移默化的影响下爱上了音乐的艺术之美。

从梅梅的这个案例中我们可以了解到，音乐艺术美对人的熏陶，有着非常神奇的力量。

有人认为，艺术气质是天生的，其实，艺术气质更重要的在于后天的培养，特别是儿童时期。女孩的感情相较男孩而言，更加纯真和丰富，在她们的眼里，很多东西都是有生命、有感情的，音乐能强化女孩的听觉，让她们充分感受美的存在和对生活的热爱。从情趣和性格的培养上来说，引导女孩喜欢音乐、爱上音乐，掌握一些乐器的弹奏方法，对她的身心和智力发育是极为有益的。很多女孩正是因为从小就受到了良好的音乐教育，才拥有了一种与众不同的优雅气质。

那么，家长具体应该如何为女孩营造一种良好的音乐氛围呢？

- 根据孩子的兴趣，给孩子报音乐学习班，如钢琴班、古筝班、大提琴班等。
- 经常带孩子去听大大小小的音乐会、演唱会，陶冶情操。
- 有意识地给孩子选取一些合适的音乐播放，提升孩子对音乐的感知力和接受度。

POINT

当今社会，随着时代的变迁和人们观念的转变，父母应树立一种正确的音乐教育理念：我们之所以给孩子报班、带她听音乐会，不是希望孩子将来能够成名成家，而是因为一定的艺术修养对女孩的成长有好处。所以，做这些的时候一定要遵循女孩的意愿，不可强迫。

让女孩学习跳舞

对女孩优雅气质的培养，与音乐并重的，还有舞蹈。看看身边那些能歌善舞的女孩，就知道，跳舞对女孩的好处，远不止塑造气质这一点。

- 对于处于生长发育期的女孩来说，经过一定的舞蹈学习，能矫正她的不良身形，如弯腰、驼背、端肩等，使她的形体挺拔、姿态优美。
- 跳舞需要全身各部位的配合，可以锻炼女孩身体的协调性，使孩子更具有节奏感。
- 舞蹈通过音乐、动作、表情、姿态展现女孩的内心世界，可以让她在潜移默化中接受艺术表演的熏陶。
- 跳舞能增添魅力、锻炼体力、磨炼毅力、丰富想象力。经常跳舞的女孩，会更加热爱生活，并能欣赏美、体验美。

总之，要想让女孩成长为一个多才多艺、更具个人魅力的女性，家长不妨从小培养她的舞蹈气质。不一定非要把孩子送到专业的舞蹈学校进行学习，鼓励孩子积极参加班级或集体组织的舞蹈学习也不失为一个好方法。另外需要提醒的一点是，女孩学舞蹈，就像男孩子学武术一样，我们不一定期望她能练成多高的水平，只要达到了强身健体、改变精神风貌的作用，就是一种成功。

带女孩到大自然中作画

一般来说，从事艺术行业的人，如音乐家、作家、画家等，都很有气质，这是因为他们的艺术感受力比一般人更为敏感和强烈，因此，他们也更能捕捉生活中的美，并把这种美融入自身的气质中。所以，要想塑造女孩的气质，如果只培养她对艺术的兴趣和爱好是不够的，还应培养她对艺术的感知力。一个好办法就是带她到大自然中作画。

选一个风和日丽的日子，带上画板，和孩子一起，去一个风景好的场所，如家附近的公园作画。明媚的阳光，淙淙的流水，青翠的树木，五颜六色的花儿……大自然的美丽是无法用语言去描述的，让女孩多接触大自然，可以让她感受到自然界无穷无尽的美丽，通过亲身感受，用手中的小画笔，描绘这种美丽，女孩的审美能力也会在无形中得到提升。而有了这种审美能力后，其气质也会提升。

孩子在刚开始作画的时候，可能画得不是很好，这时候，做父母的不要责备她，而应侧重引导，让她先尽情感受自然风景的美丽，之后再拿起画笔，用心去作画。久而久之，孩子的审美能力和作画水平自然会有所提高，此外，还能挖掘女孩的创造潜能。总之，父母在陪孩子作画的过程中，应着重培养她的艺术感知力，而非绘画能力。鼓励和引导女孩认识美、发现美，才是我们的追求。

激发阅读兴趣，女孩要有知性美

自古就有“腹有诗书气自华”一说，可见，激发女孩的阅读兴趣，引导她博览群书，对于培养女孩的气质来说非常重要。

多读书，读好书的女孩，在三观、知识面、思考和表达能力，以及处理问题等方面，会比同龄的不爱读书的女孩显现出明显的优势。此外，在读书的过程中，女孩还可以感受更为丰富的情感，这都会为女孩平添知性美，让她成长为一个有内涵的优秀女性。可以说，爱上阅读可以让女孩受益终身。那么，父母具体该怎么做，才能更好地激发孩子的阅读兴趣呢？

创造良好的家庭阅读环境

父母应尽量为女孩营造一个宽松、自由、有趣的阅读环境：

- 把图书放在女孩触手可及、取放自如的地方。
- 给女孩开辟一个单独的书房，并按照她的喜好进行布置。
- 经常为家里购置多种多样的阅读书刊。
- 父母树立榜样，闲暇之时多和孩子一起看书。

鼓励孩子和爱读书的人交友

经常鼓励女孩和爱读书的同学交朋友，一起交流读后感、喜欢的书目等，在他们的熏陶下，即使是原本不爱读书的女孩，也会对阅读产生兴趣。

情景体验中培养女孩的礼仪习惯

无论是在公共场合还是在家中，让女孩保持文明的言行举止都是十分有必要的，这是女孩的家教和她个人素质的直观体现。

当然，女孩良好的礼仪习惯的养成，并非一朝一夕之事，它是一项长期的反复性的工作，要想获得好的效果，可以尝试情景体验的方法。

所谓情景体验法，就是创造一个特定的情景，或者直接利用现有的情景进行发挥，让女孩亲身经历过以后，家长再帮她分析，加以指点，这比单纯地给孩子讲解那些烦琐的条款要扎实得多。

一个周末，家中来了几位客人，小云的妈妈借机让6岁的女儿当起了“小管家”，指导女儿为客人拿拖鞋、端茶倒水、引导客人去洗手间等，培养她的礼仪习惯。后来，为了让客人玩得尽兴，小云还自发为客人表演起了自己在学校学习的舞蹈。客人对她赞不绝口，欣赏有加，大家都觉得，小云是一个听话又有礼貌的好女孩。

在小云妈妈的教育下，小云从小便知道了礼仪的重要性，并在日常生活中不断强化这种意识，成为了明理懂礼之人，各方面都得到了健全的发展。可见，在情景体验中培养女孩的礼仪习惯是非常有效的。家长可以在日常生活中效仿小云妈妈，把女孩培养成懂得社交文明礼仪的优秀孩子。

女孩要“站有站相，坐有坐相”

不管你是什么性别，小时候，我们的父母、长辈可能都用“站没站相，坐没坐相”教育过我们。对女孩来说，更应当做到“站有站相，坐有坐相”，因为从一个人的外表，包括衣着，坐、立、行的姿势和言谈举止，都能折射出这个人的修养、秉性、文明以及受教育程度。这既关系着个人的自身成长，也直接影响着人际交往。做父母的应当从小就培养孩子正确的站姿和坐姿，这对孩子的健康成长大有裨益。

正确的站姿

站姿的基本要求：挺直、舒展，站得直，立得正，线条优美，精神焕发。

训练方法：平时，家长可以让女孩对着镜子多观察自己的站姿及整体形象，看是否有歪头、斜肩、含胸、驼背、弯腿等不良体态，并及时纠正。也可以让女孩背靠墙站立，每天坚持 5 ~ 10 分钟能有效改善站姿。

正确的坐姿

坐姿的基本要求：坐得正，上身自然挺直、挺胸、双肩放松，大小腿呈直角，脚平放在地面上，使上半身的重心落在臀部，犹如巨钟端坐之势。

训练方法：家长平时可以找一把椅子，陪女孩练习正确的坐姿，并注意检查细节是否合乎标准。每天坚持一次，每次 5 ~ 10 分钟，久而久之，女孩就能逐渐养成正确的坐姿习惯了。

制定规则，让女孩养成良好的卫生习惯

个人卫生看起来是一个微不足道的小事，实际上却能反映出一个人的精神面貌和生活细节。一般不讲究个人卫生的孩子，不会给人精神、利落的整体印象，反而暗示出其生活质量不高。

因此，家长要有意识地让女孩养成良好的卫生习惯，可以通过制定规则来进行，比如把要求一条条列出来，贴在家里显眼的地方，让女孩时刻牢记并遵守，直到养成好的习惯。具体的卫生习惯如下：

- 勤洗澡，保持身体的清爽和干净。
- 勤修剪指甲，保持甲缝清洁、干净。
- 勤换衣物，尤其是贴身的内衣、内裤，建议每天更换。
- 早晚各刷一次牙，饭后漱口，必要时可使用漱口水，保持牙齿的清洁。
- 勤洗头发，做好头发的护理工作，短发女孩还要勤剪头发，保持干净利落。
- 对于处于生理期的女孩，要勤换卫生巾或护垫，保持会阴部位的清洁。
- 勤换床上用品，包括被罩、枕套、床单等，并放在太阳下晾晒，杀菌除螨。
- 勤洗手，饭前、便后、外出归来等都要洗手，并认真使用肥皂或洗手液。

在制定好规则以后，家长应以身作则，为孩子树立榜样，必要时可以采取一定的赏罚制度，引导女孩慢慢养成良好的卫生习惯。

女孩可以把气质“穿”出来

穿衣打扮可以看出一个人的审美情趣、品味涵养，有气质的女孩，穿衣打扮也不会太差。父母在育女过程中，别忘了给她的穿衣打扮把好关。

帮助女孩建立“美”的概念

选择穿什么样的衣服，留什么样的发型，是女孩表达自己的一种重要方式。当女孩年龄尚小时，父母应帮助她建立“美”的概念。等她长大以后，自然就懂得审美和服饰搭配了。

- 教女孩根据不同的场合搭配服饰，例如带她出席婚礼、晚会时，要穿小礼服；外出郊游时，要穿运动、休闲装；一起外出吃西餐时，要穿正式的衣服等。
- 带女孩一起去逛商场，让她多试穿几件衣服，再让她自己选择，究竟哪件更漂亮、更适合自己，父母在一旁稍加引导。

避开给女孩穿衣打扮的误区

一个女孩的穿衣打扮能在某种程度上折射出父母的育女心态。一般来说，大多数父母在这一方面会走入两个极端：

第一个是对女孩的打扮过度重视。有的父母会以成人之心对待童心，给女孩染发烫发、抹粉描眉、打耳洞、戴配饰，穿得大红大紫，打扮得过于成熟，像一个“小熟女”。这样做不仅不合礼仪，让女孩失去了应有的天真和稚气，而且，对于年幼的孩子来说，化妆、做头发等也是一种身体上的伤害，对女孩的健康成长不利。

第二个与第一种恰恰相反，是对女孩的打扮过于随意，表现出一种无所谓的态度。这一类的父母认为，女孩的衣着打扮应该随便一点，无须修饰。结果往往会造成女孩穿着随意，不修边幅，甚至邋里邋遢，不仅会影响女孩的外貌形象，从某种程度上看，这也是一种对自身和他人的不尊重。

以上两种误区家长都应避免，应摆正心态，为女孩的穿衣打扮出谋划策，做好“军师”。

尽量避开媒体的不良影响

据相关媒体报道，现在街头上一些中性打扮的女中学生越来越多，这些女孩崇尚这种打扮，并把这作为一种时尚，引以为荣；还有一些女孩，喜欢穿性感暴露的衣服，浓妆艳抹，招摇过市，一点儿不符合女学生的身份。究其原因，都是受到媒体的不良影响所致。

女孩，尤其是年龄尚小的女孩，还没有形成成熟的审美观，而电视、网络等媒体往往在潜移默化中影响着她们，而且这种影响令父母防不胜防。

父母在平时的日常生活中应积极引导女孩，让她免受不良媒体的影响，比如在看电视的时候，和女孩聊一聊电视节目、影视明星，从侧面了解女孩的审美偏向，如果发现审美出现偏差要及时纠正，以帮助她健康成长。

打造气质女孩需注意的问题

打造气质优雅、举止文明的女孩是一个过程，家长仅参照方法是不够的，还应注意以下几个方面的问题。

家长文明礼貌，为女孩树立榜样

有很多家长都知道教育孩子从小讲文明、懂礼貌，但是自己却往往不注意，经常口出脏话，甚至打骂家人。殊不知，这样的家庭环境对于培养小淑女来说极为不利。

小雪又在小区对别的小朋友发火了，刚好被下班回家的妈妈撞到。

只见小雪站在台阶上，趾高气扬地对另外一个小女孩说：“你怎么这么笨！连这么简单的动作都不会，真不知道你是怎么长到这么大的！谁愿意和一个蠢猪一样的人玩啊！”那个小女孩听了以后，委屈地哭了，谁知小雪竟然得寸进尺：“你还有脸哭了，天天就知道哭，有本事你和我打一架啊！”

看到小雪这个样子，妈妈不由得来了脾气，走过去骂道：“你这个小丫头片子，是谁教你这样说话的！看我回家不把你的屁股打开花！”小雪大声反驳道：“你在家不是也经常数落爸爸吗，凭什么我就不能说了！”妈妈听完，顿时愣住了，她不禁反思起自己的行为……

案例中的小雪究竟为什么会变成这个样子呢？归根结底，还是受到了妈妈的影响。可见，要想培养出文明礼貌的女孩，家长以身作则是十分重要的，所谓育儿即是育己，这不仅对孩子的健康成长有好处，也能规范家长的言行，构建和谐的家庭。为此，家长需要做到以下几点：

- 对父母、老师及其他长辈要称呼“您”，不能直呼其名。
- 请求他人的帮助时，要用商量的口吻说“请”“劳驾”，不能用“喂”“哎”呼之。
- 当得到别人的帮助时，要说“谢谢”，不要认为这是理所当然的。
- 当别人感谢自己时，要说“不客气”，不能以“恩人”“功臣”自居。
- 当妨碍了别人或给别人带来麻烦时，要说“对不起”“麻烦您了”“请原谅”。
- 杜绝说脏话，杜绝语气粗鲁、野蛮、不讲理等。
- 在公共场合，咳嗽、打喷嚏、吐痰等需要用手绢或者卫生纸掩住口鼻，不能对着别人，
- 不要随意打断别人的讲话，懂得倾听。

及时纠正女孩的粗鲁行为

如果一个女孩的行为举止足够优雅，不仅能让她看上去有柔性、大气、有得体之美，更能为女孩以后成长为淑女奠定强有力的基础。与此相反，粗鲁的行为与女孩的优雅气质格格不入。现实生活中，很多性格外向的女孩，却给父母带来了众多关于“举止优雅”教育的挑战。

小苗从小就很活泼开朗，有时候调皮过了头，就像一个假小子一样，经常把衣服弄得脏兮兮的，家里的玩具也丢得到处都是，头发每天都乱蓬蓬的，从来不知道收拾自己，只顾着疯玩，而她的妈妈每天忙于工作，也没有多余的时间和精力去照顾女儿，她感到自己的教育十分失败，但是也很无奈。

案例中的女孩确实和淑女相差甚远，妈妈意识到了这个问题，但是还没有想好解决办法。倘若顺其自然，那孩子会日益粗鲁；倘若严加管束，又极有可能扼杀孩子的天性。不妨试着这样做：

- 教育孩子时应注意自己的口气，不要用教训、命令的口吻。
- 注意孩子的言辞，让她养成使用文明礼貌用语的好习惯。
- 父母以身作则，每天用尊敬、谦让他人的态度待人，并让孩子模仿。

妈妈把好关，让女孩穿衣得当

着装并不是简单地指穿衣戴帽，也讲究一定的礼仪，它是在自身年龄、身份、身材特点、审美情趣和阅历修养的基础上，根据不同的时间、场合、目的和场地等相关因素对所穿的服装进行合理的选择、搭配和组合，可以说，着装打扮既是一门学问，也是一门艺术。

对于孩子，尤其是女孩来说，应做到衣着端庄，打扮得体，这其中，妈妈的功劳是必不可少的。

总的来说，少年儿童的着装应力求朴素大方、整洁美观，充分展现孩子的自然美，体现童真童趣，展现出健康活泼的精神风貌。具体而言，妈妈可以从以下几个方面为女孩的穿衣打扮把关：

- 着装应便于活动：大小合身、造型简洁、款式宽松、面料舒适。
- 着装应便于孩子穿脱，以便女孩从小学会生活自理。
- 着装应适合孩子集体生活，服装式样、衣料花色、质地等不应过于花哨。
- 着装应适度得体，符合其年龄特点，不要穿过于成熟的衣服，如露脐装、超短裙等。
- 无论穿什么样的衣服，都应保持洁净，勤洗勤换，尤其注意衣袖、领口、袖口等部位。

别让艺术兴趣成为女孩的负担

兴趣是人认识某种事物或从事某种活动的心理倾向，它是以认识和探索外界事物的需要为基础的，是推动人认识事物、探索真理的重要动机。艺术兴趣如果变成了不堪承担的重负，无疑会给孩子造成不利的影响。这时候，家长就必须重新思量了。

一位父亲望女成凤，从女儿很小的时候就送她到各种补习班学习，包括钢琴、绘画、舞蹈，等等，并以此为荣。

一次，这位父亲无意中看到了女儿的日记，只见她在日记中这样写道："我一点都不想去上补习班，那里的环境压力太大，感觉自己都快要窒息了，可是，每次看到爸爸期望的眼神，我又不忍心拒绝，而且，报补习班已经花了家里很多钱了，我不能浪费。"这位父亲恍然大悟，原来，女儿其实生活得并不幸福，也不像同龄的小孩一样拥有快乐的童年和丰富的课余生活，他开始反思自己的所作所为。

后来，这位父亲和女儿进行了深切的交谈，让女儿从众多补习班中，选择了一两个自己喜欢的，其他的都退掉了，女儿学到了自己感兴趣的东西，压力也小了很多。

其实，孩子很容易对外界的事物，尤其是某些艺术类的事物感到好奇，如果在这一基础上正确引导，使之发展为孩子的兴趣爱好，这种方法是可取的；反之，不顾孩子的心理感受，强制孩子学艺，则会适得其反。

本章要点 优雅气质为女孩的形象加分

杨澜说："作为女人，你必须精致，精致是女人一生的尊严！"把自己的女儿培养成优雅的、气质出众的女孩想必是每一对父母的心愿，这不仅可以为女孩的形象加分，更能让女孩的成长之路充满自信和力量。

★ 有气质的女孩，首先要有温文尔雅的谈吐，这关系着女孩的社交和人际关系的培养。

★ 学习音乐、绘画、舞蹈等都是打造女孩艺术气质的优选途径，选择其中的一两项，让女孩从小坚持下去，相信会有意想不到的收获。

★ 所谓"书中自有黄金屋，书中自有颜如玉"，要有温文尔雅的谈吐，阅读自然也是少不了的，家长要让女孩多读书、读好书。

★ 礼仪是女孩在社交过程中必不可少的一环。良好的礼仪习惯可以为女孩的气质加分。

★ 学习礼仪习惯，当从基本的站姿、坐姿练起，选取一两个简单易行的训练方法，每天坚持练习几分钟，让你的女孩变得"站有站相，坐有坐相"吧！

★ 良好的卫生习惯不仅关系着女孩的气质与修养，对于孩子的身心健康也有益。建议父母从小就培养女孩的这一习惯。

★ 穿衣打扮是一门艺术，聪明的父母会郑重对待女孩的着装，尤其是妈妈，要为孩子的形象把关，并教给女孩一些技巧，把气质穿出来。

亲爱的爸爸妈妈们：初为人父人母，你们一定对孩子的教育有很多困惑和问题。本书针对女孩的特点和个性做出解答，帮助父母成为合格的家庭教育者，培养出优秀、有个性的孩子。

微信扫描下方二维码，还可以获得更多主编精心准备的线上养育方法。

1. 科学育儿，父母必上的 64 堂课！微信扫码即可获取。

2. 温和而坚定，让孩子受益一生的教养方式！微信扫码即可获取。

3. 微信扫码加入快乐女孩养成圈，分享育儿心得，学习育儿经验！

4. 育儿难题求解答？专家为你支妙招！微信扫码即可获取。

5. 线上记录孩子成长瞬间，时刻分享孩子进步喜悦！微信扫码加入我们吧！

6. 微信扫码，可获取知名营养师打造的育儿营养膳食食谱！

快来为您的孩子准备营养美餐吧！

PART 7

社交能力是女孩人际交往的基础

交往是人类的基本需求之一，并成为现代社会一项重要的能力。父母应从小注重女孩社交能力的培养，教会女孩学会宽容、学会与人分享，引导女孩正确交友，让女孩拥有一个充实、幸福、快乐的童年。

提高女孩社交能力的 7 个着手点

良好的人际关系是人一生中必不可少的一部分。每一位父母都应从小培养女孩的社交能力，引导女孩融入社会，拥有积极上进的朋友圈，成长为一位活泼开朗的成熟女性。

把宽容的种子撒进女孩心田

生活中，人们常常会遇到别人对不起自己或做出有损自己的事情，对此不要耿耿于怀，不要过分计较和在意，能够真心释怀，这就是宽容。女孩的宽容心是一种非常珍贵的感情，这种感情对于女孩个性的健康发展以及人际关系的拓展尤为重要。富有宽容心的女孩往往心地善良、性情温和、为人大方，能赢得更多的信任和友谊，而一个缺乏宽容心的女孩往往性情暴躁、易走极端，不易与人亲近，因而人际关系往往不好。

每一位父母都应努力让自己的女孩学会宽容，不仅是为了让女孩今天能处理好同学和朋友关系，而且也是为女孩将来的幸福打好基础。那么，父母该如何把“宽容”的种子撒进女孩的心田呢？

让女孩学会体会他人的感受

一个人愿意感知并理解他人的感受，并且愿意给予他人一定的帮助，人与人之间才能建立起良好的关系。父母应教育女孩，遇到事情要多站在对方的角度看问题，了解对方的处境，体会他人的心情，必要时还可以伸出援助之手。这样，女孩就容易对他人的情感产生共鸣，懂得体会他人的感受。

告诉女孩人人都有缺点

生活中，我们常常会听到有些女孩这样说：“妈妈，我们班的 ×× 老是问我借橡皮，还不还！”“×× 好笨，每次数学考试都是倒数第一！”……此时，父母绝不能随声附和女孩的观点，因为这容易让女孩对他人产生偏见，甚至变得不能宽容他人的缺点。父母应在称赞孩子的同时，告诉她人人都有缺点，每个人都可能会犯错，自己要有一颗宽容大度的心，而且在包容他人缺点的同时，要学会去帮助别人改正错误，共同进步。

让女孩明白“吃亏是福”

在女孩交友的过程中，可能会出现“吃亏”的情况。明智的父母应抓住机会，告诉女孩：不要过分计较，要学会“吃亏”、懂得宽容。愿意吃亏的人永远比爱占便宜的人更容易获得他人的好感。当她遇到同样愿意用吃亏来回报的人时，就会和那个人建立牢固的友谊。当然，父母也应注意，教女孩学会吃亏并不是让她无原则地顺从别人，而是教孩子学会谦让、学会理解。

教会女孩与人分享

分享作为一种美德，它所包含的内容很宽泛，除了孩子日常接触的吃的、喝的、玩的、用的等有形的东西之外，还包括思想、情绪、创意、意见等无形的东西。每一位父母都应尽早教会女孩学会分享，分享不但可以增强孩子的人际交往能力，更可以提升她的思考能力、合作能力、创新能力等，这些都可以为她未来的人际关系增添助力。

在充满童趣的分享活动中，女孩能够真切感受到分享带来的快乐，这有利于她正确理解分享的意义。而总以自我为中心的女孩，一般都不懂得分享，人缘也多半不佳，可孩子都是有交友渴望的，当她发现周围的同学和朋友都不喜欢自己时，一定会心情低落，进而导致一系列的不良后果，如不想上学、注意力不集中等。

学会分享对于大人来说可能很简单，但对于小孩子来说是需要一个过程的，这期间还需要父母的正确引导。一般，幼儿在 2 岁左右自我意识开

始萌芽，开始学会自我，形成自己的特性。他会认定属于他的事物：他的玩具、他的床、他的家以及他的爸爸和妈妈。若有另外一个孩子“侵犯”到他的“领土”，孩子会生气或与之争吵。因为，他是不会自发地想要与别人分享东西的。这不是什么自私，而是幼儿在社会化过程中的一种正常现象。儿童教育专家表示，想要孩子学会与他人分享，需要父母告诉他怎么做，同时鼓励他去与别人分享。

利用生活情境让女孩进行分享体验

家庭对女孩的影响是非常大的，父母在日常生活中的言行举止和对待生活及周围人的态度，都会对女孩产生影响。因此，平时父母就要多用心，有意识地把自己看到或听到的事、自己的想法讲给女孩听，让她在潜移默化中获得情感分享。渐渐地，女孩也会把自己的事情分享给家人听。

乐乐今年5岁了，平时有些内向、羞怯，喜欢自己一个人待在家里玩。父母担心女儿长此下去会变得越来越孤僻，于是决定多抽出时间和女儿相处。他们每天下班后都会抽出时间陪女儿一起吃饭、一起玩游戏、看画册，每个周末都会带女儿出去玩。而且，他们总是有意无意地给女儿讲述一些发生在身边的趣事，比如邻居张阿姨家又添了一个可爱的小宝贝、对门姚奶奶家养了一只可爱的小狗等。慢慢地，父母发现，乐乐喜欢跟自己待在一起，听他们讲这些事情，而且也愿意把自己的心情讲给父母听。每当这时爸爸妈妈都会鼓励和表扬乐乐。一段时间后，乐乐开始走出自己的房间，去找自己的小伙伴玩了。

多给女孩创造与同伴交往的机会

年幼的小女孩常常会按照自己的需要去感知事物，很容易受到外界刺激的干扰，表现出不稳定的分享行为。比如，有的小女孩当着爸爸妈妈的面，愿意与小朋友分享玩具，而等爸爸妈妈一走开，她就会立即抢回自己的玩具。这并不是真正的分享行为，说明女孩在与同伴交往中仍然以自我意识为主。对此，父母还是应尽量多给女孩创造与同伴交往的机会，多带女孩出去玩，鼓励她参加集体活动，比如多带女孩去亲友家串门或是请有小孩的同事、朋友带孩子到家里来做客，然后在一些交往过程中启发女孩学会与他人交流、协调，引导女孩把自己的东西拿出来与小朋友一起分享。

鼓励与肯定，强化女孩的分享行为

当女孩表现出分享行为时，父母要及时用鼓励、肯定、表扬、奖励等外部激励的方式来强化女孩的分享行为。这样她就会感到愉快和满足，感受到大人的尊重，从而加强和维持自己的行为，直到将“分享”转化为自身意识。

POINT

如果孩子实在不愿意与小朋友分享，父母也不要强迫她把玩具拿出来给小朋友玩，这会使她产生逆反心理，讨厌那个小朋友，还会把玩具抢过来。出现这种情况，父母可以自己参与进去，陪孩子一起玩，让孩子体验“一起玩”的快乐。

适时指导女孩交友

常常有小孩子向老师或家长反映："我找不到朋友一起玩""为什么大家都不跟我玩"……友情是人世间美好的感情之一，朋友可以给孩子带来无可比拟的快乐。然而，现在越来越多的孩子享受不到与小伙伴一起玩耍的乐趣了。

儿童的健康成长需要同伴，经常产生孤独感的孩子易形成不健康的心理和性格。亲和能力是情商的重要部分，如果将来孩子不知道如何与他人交往，他的生活将充满孤单、落寞和挫败感，甚至无法适应社会。

女孩出现"伙伴危机"，主要有两大原因：一是女孩生活圈子小，玩伴很少，不善于交朋友，比如部分独生子女家庭；二是家长的过分溺爱与保护。许多家长总希望孩子能同学习好、家庭条件好的孩子交朋友，这在无形中缩小了孩子的交友范围。还有些家长因为担心孩子受到伤害或不良影响，甚至阻止孩子与别人交往。

对此，父母应引起重视，适时对女孩的交友、择友进行正确引导。

给女孩一个宽松的家庭空间

父母应注意尊重女孩，有些事情尤其是跟女孩有关的事情可以咨询孩子的意见，要让女孩有主见，这样有利于培养孩子的自信心，并培养孩子分析、判断事物的能力，这种能力也会被孩子运用到择友中去。

教会女孩自己解决问题

当女孩与小伙伴发生矛盾时，父母不要一味地迁就、责骂，或是直接干涉，而是应该及时引导孩子正确认识、解决各种矛盾，让孩子自己去想办法。当矛盾无法解决的时候，父母可以提出对事情的看法，有针对性地帮助孩子认识她与小伙伴之间发生矛盾的原因，尤其是孩子们各自存在的问题，不要偏信孩子的一面之词，这样，孩子会在独立处理问题的过程中渐渐成长。但如果矛盾中出现了打斗等伤害行为，父母要第一时间去制止孩子，以免造成意外伤害。

放手让女孩自己择友

父母应避免以成人的观念帮女孩选择朋友。孩子自己择友的过程，也是她学习、成长的过程。父母可以在旁多加注意，并适时给予建议，但不能粗暴干涉、阻止。

帮助女孩战胜交友挫折

女孩在与朋友交往的过程中，可能会存在一些思想误区，这些误区会让孩子的交友之路变得不那么顺畅。比如，习惯以自我为中心，可能会因为与朋友间的一点小误会而大感失落；或是觉得好朋友是自己一个人的，只能和自己玩等。对此，父母能做的，就是和孩子一起分析原因，让孩子发现自身存在的问题。孩子还小，还没有能力完全客观地分析，父母作为引导者，可以给孩子一些有用的意见，引导孩子走出这些误区，战胜挫折。

教会女孩与人合作的能力

培养女孩的合作性，可以在孩子之间营造一种团结、友爱、互助、合作的群体氛围，增强女孩的社会适应性。这是女孩将来适应社会、立足社会不可或缺的因素。因此，父母应在潜移默化中帮助女孩树立正确的合作意识，提高女孩与人合作的能力。

让女孩学会接纳和欣赏别人

有效合作的过程就是互相利用各自的优势和资源，互相弥补各自的不足，以共同获得更大效益的过程。这个过程需要双方的信赖。因此，我们让女孩学习与人合作，首先就要让她学会用真心去接纳别人，学会欣赏别人。父母可以通过自己的日常言行影响孩子，也可以常给女孩讲相关故事，以此来让女孩明白每个人都各有所长、各有所短，不要嫉妒或轻视别人的长处，也不要对自己失去信心，而是要善于互相利用彼此的长处，从而实现共同的目标、实现双赢。

鼓励女孩多参加集体活动

集体活动是最能培养女孩团队合作意识的方式之一。父母要鼓励女孩多参加各种类型的集体活动，比如排球、篮球等，既有两个团队之间的对抗和竞争，更有团队内部的协调一致，非常有利于培养女孩的团队精神和竞争力。女孩在各种各样的集体交往中，会慢慢增强团体合作意识，进而掌握处世艺术，形成乐观、大方、宽容、团结的优秀品质。

教女孩一些与人合作的技巧

父母可以通过日常生活中的一些小事慢慢引导女孩学会与人合作。

让女孩参与做家务，比如帮妈妈择菜、收拾餐桌或是全家人一起打扫卫生等。大一点的孩子，还可以让她和家人分工做一些事情，比如家中宴请客人时，可以让她购买饮料、写菜单、把碗筷摆放在桌子上等。

与女孩一起讨论一些问题，彼此交流各自的感受。比如，可以和孩子一起讨论看某个电视节目的感受；让孩子参与每周或每个月的家庭会议，讨论家中的一些大小事宜及安排等。

另外，父母应教育女孩在与人合作的过程中应相互尊重，不能唯我独尊、只想着自己，要大度，学会顾及他人的需求和感受，必要时做出一些让步和牺牲。但让步也是有原则的，不能事事唯唯诺诺。

纠正"霸道小姐"的命令式语气

有些女孩平时在家被父母骄纵惯了，经常会用命令的口气同别人讲话。比如，会命令别的小朋友："帮我削铅笔！"对妈妈说："给我洗脸！""给我倒水！"这种"霸道小姐"的命令式语气非常不利于女孩的人际交往。事实上，没有人喜欢被命令，习惯用命令口气说话的人，往往都不会有什么好人缘，甚至是令人厌恶的。

孩子为什么会产生这样的行为呢？这与父母的日常言行是分不开的。有些父母认为，在家里面不用客气，因此家庭成员之间常常用命令的口吻讲话，父母常常在孩子面前命令家中保姆等。这些习惯，孩子看在眼里，慢慢地，她自己也学会了这种“本领”。

想要让女孩远离或纠正这种命令式的说话方式，父母应该如何做呢？

- 父母首先要反省自己平时说话的方式是否存在这样的问题，从自己做起，在家里营造一种民主、礼貌、和谐的气氛。
- 耐心细致地给女孩讲道理，让她懂得：人与人之间是平等的，请别人帮忙应该有礼貌，别人也才愿意帮你。说话像下命令，别人只会讨厌你，不愿意帮助你。
- 父母可以通过讲故事、做游戏等方式引导女孩多站在他人的角度思考问题，学会理解他人。
- 如果发现女孩用命令式的语气讲话，一定要随时纠正，告诉孩子不能使用这种口气讲话。
- 如果孩子是在情绪不好的时候命令别人，父母应告诉孩子：“心里有不高兴的事应该说出来，用命令式的讲话口气是解决不了问题的，而且还会把不好的情绪带给别人，让大家都不高兴。”

让害羞的女孩主动打招呼

打招呼是我们日常生活中常见的行为，是人们见面时互相致意的一项基本礼节。不过，让不少家长头疼的是，很多女孩见人不喜欢打招呼，甚至躲在家长后面不愿意露头，经常弄得自己与他人都尴尬地下不了台。其实，女孩不爱打招呼，很多情况下并不是因为她没有礼貌、性格傲慢。对此，父母不能一味责怪孩子，而应发掘背后的原因，引导孩子学会主动与人打招呼。

心理学研究发现，人的性格既有先天遗传的影响，也有后天环境的作用，两者难说孰轻孰重。但对于年幼的女孩来说，也许先天的成分更多一些。天生比较不怕生的孩子，通常能顺着大人的要求，说着“阿姨好”“叔叔好”。但天生性格比较内向、敏感的孩子，对陌生人会比较戒备，要他对一个陌生人表示友好和开放，往往内心需要经历一番痛苦的挣扎。这时，如果父母不给予正确的引导和教育，更有甚者责骂孩子，这样做只会让孩子的害羞与内向越来越严重，同时也会对人际交往产生极大的障碍。

POINT

在很多人的观念中，女孩就应该内敛、矜持、文静、温婉可人。这些美好的品质固然重要，但如果过度害羞，就变成了胆怯，显得不够识大体。而且，女孩也是社会的一分子，也要学着适当表现自己，体现自己的价值。

对于害羞或是性格比较内向、文静的女孩，想要让她克服羞怯、学会与人打招呼，父母的正确示范和引导是必不可少的，同时要注意尊重孩子。

别随意给女孩贴上标签

当女孩不愿意招呼人时，父母不要总是把“你这孩子怎么一点礼貌都不懂”“怎么连个话也不会说”这类的话语放在嘴边。这样，孩子会产生“连爸爸妈妈都觉得自己不够好，自己是真的不好”的想法，要么变得更加怯弱，要么会激起孩子的逆反心理。

在言传身教中影响孩子

在日常交往中，父母可以找机会示范给孩子看自己对待朋友的方式，直观的学习和模仿对于习惯的养成非常重要。另外，父母还可以告诉害羞的女孩，打招呼不一定要叫人，还可以通过点头、招手、微笑等方式体现。

有意识地为女孩提供与生人接触的机会

比如，当有客人来家中拜访时，应让女孩与客人多接触，使她对客人产生亲切感，时间长了，孩子慢慢就会主动与客人交流了。同时，父母应秉持支持但不勉强的原则，多带胆小怕生的女孩参加社交活动，培养她的胆识，让她慢慢适应社交场合。对见到陌生人不知道如何打招呼的女孩，父母可以适时提醒孩子，并教给孩子几个“保险”的称呼，以便孩子见到陌生人不知如何称呼时使用。

营造一个温暖的家

温馨、平等、理解的家庭环境能给女孩信心和勇气。父母应注意，在女孩面前不滥用家长权威，别总是颐指气使，用下命令的语气说话，尤其是对易羞怯的女孩，这样容易伤害孩子的自尊心，起到反作用。家里的事，尤其是与女孩有关的事，要多征求和尊重女孩的意见。

适当的鼓励和赞美

如果一个女孩总是害羞，那么就很难实现自身的价值。父母应该帮助女孩克服害羞，让女孩多参加一些活动，事后对女孩的努力和进步及时予以称赞和奖励。每个女孩都希望得到别人的肯定和表扬，羞怯、敏感的女孩更需要。如果这时给她一些鼓励，增加她的勇气和信心，那么她会把事情做得更好。

引导女孩发现他人的优点

学会赞美和欣赏他人的优点，对提高女孩的情商水平有很重要的作用。赞美和欣赏都是一种积极的情绪。学会赞美和欣赏他人，就是学会找出他人的优点，自己的差距也会在无形中显露出来，从而形成一种潜在的动力，有助于自己的进步。与此同时，由于得到了赞美和欣赏，他人获得了鼓励，会增加对你的好感，也更愿意和你交往。这些对提高女孩的人际交往能力都起着积极作用。

要养成女孩发现他人优点的美德，学会赞美与欣赏，父母从小就要注重孩子这方面的教育。

方法1

让女孩体验和感受“美”

从女孩出生起，家人就可以从孩子的视角给她展示世间一切美好的事物，比如颜色绚丽的图片、可爱的玩具等。同时，父母应不时地用语言向女孩讲述这些“美”，比如：“看这张照片中的小姐姐多漂亮啊！”“天空真蓝，小鸟真可爱！”。在这种潜移默化的影响中，“美”的感受会在孩子的大脑中保存下来。

方法2

引导女孩赞美身边的人

随着女孩慢慢长大，生活经验不断积累，这时，父母可以开始让她对家人和接触到的外人的优点进行赞扬。比如：让孩子对妈妈说，妈妈做的饭真香，谢谢妈妈！或是对邻居家的小姐姐说，姐姐的裙子真漂亮！让孩子先学会如何找出别人的优点，久而久之，这种行为就会成为一种习惯。

POINT

除了要引导女孩发现、赞美与欣赏他人的优点之外，父母还应教导女孩赞美别人时要真诚。赞美没有必要去刻意地修饰，只要发自内心，就会收到效果。赞美不一定要用语言来表达，还可以用微笑、惊叹、夸张地瞪大眼睛或竖起大拇指等方式来表示。另外，如果想让孩子有赞美别人的习惯，父母首先要学会赞美孩子。

提高女孩社交能力需注意的问题

女孩的社交之路肯定会走得坎坎坷坷，当出现问题时，父母需要做的是，首先反省自己是否做出了错误的榜样，然后再慢慢引导孩子，帮助孩子改正人际交往中的坏习惯。

改掉女孩口不择言的毛病

语言是最能伤人的利器，而且这种伤害往往直达心扉，难以复原。当女孩还小的时候，我们尚且可以用“童言无忌”来“粉饰太平”，但孩子是会长大的，如果“口不择言”成为一种习惯，孩子迟早会尝到苦头。

所以，对于孩子的“口不择言”，父母千万不能用“童言无忌”“孩子还小，什么都不懂”这类的话语来解释。父母的这种态度会让孩子认为，不管自己做什么事情、说什么话都是对的，因而可能会说出很多不切合场合的话。

每一位父母都应让女孩从小注意自己的言语，明白什么话是可以说的，什么话是不应该说的，这样有助于从小培养孩子的交际能力。

父母可以常常给女孩讲一些这方面的故事，尽量引导孩子能够自己感知故事中的道理。在孩子不明白故事的时候，一定要慢慢给她讲解，同时考虑到孩子的思想和感受。另外，父母平时说话也应注重场合，让女孩从自己身上看到哪些话可以说，哪些话不该说，让自己成为女孩的榜样。比如，当妈妈和朋友交往的时候，可以带上孩子，让孩子多经历一下不同的场合。孩子具有很强的模仿和学习能力，慢慢地，她自然就会明白言语的重要性，成为一个善于交际的人。

别强迫女孩认错，试试分阶段引导

你的孩子会道歉吗？现在的很多女孩都是被“供奉”着长大，是全家人的宝贝，这种无条件的宠溺让孩子很少能意识到自己犯错了，并且不能正确认识自己的错误。加上责任意识不足，在做错事后也不愿意道歉。还有些孩子在做错事后，能意识到自己犯错了，但却不懂得如何去道歉，即便道歉也不得章法。

但孩子不知道错了，父母能不知道？所以，有时候父母会以强迫的方式逼孩子说“对不起”，但实际上，这样做并不能让孩子完全认识到自己的错误。道歉是一门高深的学问，即便是成年人，也不能保证自己能正确道歉，何况是年幼的孩子？那么，正确的做法是什么呢？

父母首先应该明白，让孩子说“对不起”的意义并不仅仅是口头致歉，而是让她学会为自己的错误承担责任。孩子有时候会抗拒道歉，这是因为她需要一种认可——尽管我做错了事，但我并不是坏孩子，爸爸妈妈还是爱我的。这时，不妨尝试分阶段引导孩子主动去道歉。这样能够帮助孩子明白自己的行为对别人有什么影响，也能够让她学会如何补救自己的过失。

- 当孩子做错事，父母先不要急着让孩子去道歉，应先让她平静下来，先处理情绪再处理问题。
- 待孩子平静下来后，父母应以平和的语气与她讨论刚才发生的事情，询问孩子为什么要做出这样的举动。
- 父母要承认、接纳孩子的情绪，告诉孩子："我明白你的想法。"然后，再耐心地告诉孩子，为什么她的举动是不对的，这样做可能会导致什么后果。这样能激起孩子的愧疚心理，使她将来再遇到类似事情时能做出更好的处理。
- 每个人的性格不同，道歉方式也会不一样。父母对孩子的某些举动要有一定的敏感度。当孩子以自己的方式表达歉意时，父母要肯定她的态度，接受道歉，并且在孩子情绪稳定、能够听进去劝告的时候，引导孩子想出解决错误的办法，以后要怎么做才能避免再次犯错。
- 在说教之后，应给孩子一个拥抱，这样能够使孩子放松紧张的情绪，让孩子感受到爱。父母要让孩子知道，只要自己能够主动地为自己的错误道歉，父母是会原谅自己的，而且很多问题都能够轻易得到解决。

POINT

教女孩学会道歉不仅能够提高女孩的情商，也有利于女孩人际关系的培养。会道歉的孩子，在以后的社会相处中能够与人友好相处，同时保护自己，免受不必要的伤害，这样的女孩成长会更加顺利。

别让妒忌毁了女孩的人际关系

妒忌心理在女孩中间是普遍存在的。一般来说，对女孩的妒忌，父母只要很好地进行教育引导，便可以将之转变为动力，激发她发奋上进。反之，如果父母不能很好地进行引导，就会影响孩子的健康成长。那么，父母应该怎么做才能帮助女孩远离嫉妒呢？

方法1 及时察觉女孩的嫉妒，并表示理解

父母平时应多观察女孩的言行。当女孩妒忌心理爆发的时候，行为上会出现一些变化，比如搞破坏、哭泣或者爱打小报告等。还有些女孩会出现难过、焦躁、情绪低落、浑身没劲等异常情形。这时，父母应对女孩表示同情和理解，并耐心倾听女孩内心的想法。

方法2 不要总拿女孩与别的孩子比较

女孩通常都较为敏感，当父母在谈论其他孩子时，有时候一句无心的话、一个微笑或眼神，都可能被她理解为“比较”。尤其是当她自认为在某些方面没有别人优秀的时候，就很容易诱发对他人的嫉妒。因此，父母平时一定要注意自己的言行，不要总拿女儿和别的孩子做比较。

方法3 帮助女孩发现自己的长处

父母应帮助女孩建立自信，帮助她发现自己的长处，平时也应多鼓励女孩。有专家指出，当女孩为自己感到骄傲的时候，这种自信心可以帮助女孩克服妒忌心理。

尊重女孩的朋友

“×× 太淘气了，你以后少跟他一起玩。”“×× 的成绩不好，别把你的学习也带坏了！”类似的话常常会从家长的嘴里说出来。在他们看来这都是对孩子的爱，可是在孩子看来，却是对自己的不尊重，是父母对自己友谊的肆意否认。这样只会导致孩子越来越不听话，与父母的关系也越来越疏远。

教育女孩有一个重要的前提是必须尊重女孩，这也包括要尊重女孩的朋友，关注但不限制女孩的交友自由。孩子能够正常、自由地与人结交，既有利于形成孩子健全的人格，也有利于孩子学习他人的长处，学到融入社会的技巧。特别是对于独生子女来说，父母能够充分尊重孩子结交朋友的意愿，学会不带任何偏见、不设置任何障碍地善待孩子的朋友，就更显得至关重要。

给父母的几点建议：

- 多去发现女孩朋友身上存在的优点，多表扬，这对孩子来说是一种积极力量，同时还能促进孩子之间的友谊。
- 不要当着女孩的面过度批评她的朋友，这只会让孩子产生尴尬、愤怒的情绪。
- 邀请女孩的朋友到家里做客，向孩子的朋友敞开家门，不要因为怕小家伙们弄乱居室而把他们拒之门外。
- 找一些有关他们的愉快话题，和他们一起交谈。
- 鼓励女孩结交志趣相投、品行良好的朋友，同时赞赏女孩交友的能力。

本章要点 交际是女孩融入社会的重要砝码

女孩的一生都离不开交际，在家需要与家人沟通，在学校需要与同学、老师相处，走入社会后需要与同事、老板、陌生人交往等。一个有着良好交际能力的女孩，无论在什么场所、什么时候，生活都会充满阳光、欢笑，不会感觉孤单、落寞，同时，她的自我价值感也会得到增强，做事的成功率也会得到提高。

★ 教女孩学会换位思考，多站在他人的立场上思考问题，学会倾听别人，学会欣赏别人的优点，宽容别人的错处和不足。

★ 鼓励女孩多出门、多结交朋友，告诉女孩友谊的重要性以及如何去维系友谊。

★ 多创造一些孩子能够参与分享的情景，增加孩子们在一起交流学习的机会，鼓励她把自己的东西与其他朋友分享。

★ 如果女孩性格比较内向，父母在培养其社交能力时，一定要重视扩大孩子的交友范围，为孩子创造良好的外部交友环境，让孩子接触更多的人。

★ 鼓励女孩多参加集体活动，学会用真心去接纳别人，学会和别人商量着办事。

★ 如果发现孩子喜欢用命令式的口气对人讲话，一定要及时纠正。

★ 父母不要总是在孩子面前讲别人的“坏话”，否则孩子会“有样学样”。

亲爱的爸爸妈妈们：初为人父人母，你们一定对孩子的教育有很多困惑和问题。本书针对女孩的特点和个性做出解答，帮助父母成为合格的家庭教育者，培养出优秀、有个性的孩子。

微信扫描下方二维码，还可以获得更多主编精心准备的线上养育方法。

1. 科学育儿，父母必上的64堂课！微信扫码即可获取。

2. 温和而坚定，让孩子受益一生的教养方式！微信扫码即可获取。

3. 微信扫码加入快乐女孩养成圈，分享育儿心得，学习育儿经验！

4. 育儿难题求解答？专家为你支妙招！微信扫码即可获取。

5. 线上记录孩子成长瞬间，时刻分享孩子进步喜悦！微信扫码加入我们吧！

6. 微信扫码，可获取知名营养师打造的育儿营养膳食食谱！

快来为您的孩子准备营养美餐吧！

PART 8

培养女孩的理财能力

无论是男孩还是女孩，财商教育都是不能缺失的，这对于培养孩子未来的理财能力以及正确的金钱观都十分重要。有研究证实，越早开始财商教育的女孩，其人生各阶段的规划能力越强，在生活中也更容易获得幸福感。

培养女孩理财能力的 7 个着手点

现代社会女性早已独立自主，但很多女孩都存在乱花钱、高消费、理财能力差等问题。理财专家建议，应让女孩从小就正确认识到金钱的价值，培养女孩的理财能力和理性消费观念。

做好女孩的财商教育

每一位父母都希望自己的女孩将来拥有幸福美好的生活。但是，怎样才能让孩子幸福呢？很多父母可能首先想到的就是为女孩准备一笔丰厚的财富。实际上，这种观念已经落伍了。在经济飞速发展的新时代，女孩同男孩一样，也要拥有独立自主的能力，这样才能拥有独立的人格。财商教育是无论如何都不能缺失的，每一位父母都应有这种意识。事实上，如果女孩不会理财，就等于为她的生活埋下了一种隐患，“一塌糊涂”可能是她生活的常态。

想要培养有财商的女孩，要教女孩正确认识金钱，并学会理财，这个过程可能很漫长，但越早开始越好。

教女孩树立科学的金钱观

父母要让女孩从小懂得：钱到底是什么、钱是怎么来的、正确地对待钱财、不义之财不可取等。对于年龄小的女孩，要联系生活给她讲解，多引用一些事例；如果女孩年龄稍大，可以与她专门讨论关于金钱的问题。

父母应让自己的女孩知道，一个有着良好财商的人，应该是"懂得赚钱、懂得花钱、懂得存钱"的人。除了会赚钱之外，还要能够聪明地运用金钱、控制和管理金钱，利用金钱再赚取更多的金钱，从而给自己带来更多的财富和快乐。

同时，父母要明白，重视对女孩财商的培养，并不意味着让她学习赤裸裸地追求金钱。培养女孩财商，是让她学会正确理财的行为。

在日常生活中潜移默化影响孩子

父母应该知道，对女孩的金钱教育应在日常生活中进行，让她通过感受切实可见的生活细节来接受教育。孩子都是通过观察父母的言行举止来学习的，如果父母在家总是谈论什么东西值多少钱，那么，当你告诉孩子金钱并不是一切时，她一定会大惑不解。

所以，在教育孩子时，父母扮演着极其重要的角色。在父母的言传身教中，在日常生活的点滴行为中，孩子接受着父母的金钱和财富观念，以及支配财富的方式和方法。

从零花钱开始训练女孩理财

当女孩长到一定的年龄，父母应给她一些零花钱，并让女孩尝试去花钱，进而渐渐学会管理自己的零花钱。这样有助于从小培养她的理财意识，使她认识到零花钱在生活中的重要地位，并让她学会如何使用零花钱来丰富自己的生活。在女孩计划花钱的过程中，她也学会了自我控制，对培养女孩的自我控制力、数的概念与运算能力、理解能力等，都有帮助。

理财专家建议，在女孩5岁左右开始给她零花钱比较合适。零花钱的发放总原则是：一次不要给太多，建议根据女孩的需求和家庭经济状况适度发放，并且最好确定一个固定的周期按时发放。

把握好零花钱的额度

给女孩的零花钱数量可以控制在与她的小伙伴大致相当的水平。太多的话，孩子容易产生炫耀心理，也容易养成大手大脚花钱的习惯；太少，孩子容易盲目攀比、挫伤自尊心。小一点的女孩，给零花钱的周期可以短一些，毕竟小女孩的自控能力差一些：周期太长，她不好控制，容易带来挫败感。大一点的女孩可以周期长一些：一周、半个月，甚至一个月。当然，给女孩零花钱的数量也应根据家庭的实际情况而定。

把支配权留给女孩

至于零花钱的使用，可以让女孩自己负责。只有给了女孩支配金钱的权力，她才能真正体会到“理财”的乐趣，也能感受到“理财不当”带来的后果。一般来说，女孩都懂事比较早，给予女孩零花钱的支配权，从某种角度来说，就是给了她一种对物质的自信，她更容易获得幸福感。而且，女孩远比男孩要敏感，她对自己家庭状况的了解程度远大于成人的想象，在支配金钱方面通常也会斟酌再三。当然，完全给女孩支配权并不代表父母就不管了，父母可以不直接干预，但要监督、检查，帮女孩分析她的花钱习惯，从侧面引导她养成“计划花钱”的良好习惯。

树立女孩“预算”意识

在给女孩零花钱的同时，父母还应帮助女孩学会自己“预算”，学会计划用钱。比如：每周需要买些什么东西，这些东西的价格大概是多少，包括每天的早餐、需要购置的学习和生活用品、上下学的车费等。父母还可以给女孩一些额外的钱（每周固定），用来防备女孩“急用”。除此之外，在这一周内不要再给女孩零花钱，更不能在女孩的“撒娇”下为她支付一些不必要的开支或替她弥补乱花钱造成的“财政赤字”。

给女孩一个小账本

女孩的细腻以及男孩的创造力，成就了他们在理财天赋上的差异性。父母可以巧妙利用女孩精明、细致的天赋，教会女孩记账，记录零花钱的使用情况，包括用途和时间等。这样可以帮助女孩有效控制及运用自己的金钱，有助于女孩养成审慎理财的习惯。父母可以在每次发下周零花钱时，跟女孩一起讨论她上一周零花钱的使用情况，看看她做得好以及不够好的地方，并就此给予女孩必要的消费指导。

巧用压岁钱，构建女孩的金钱观

每逢春节，孩子们都能收到一些“压岁钱”，少则数百，多则上万，甚至更多。该如何处理这些压岁钱呢？“压岁钱妈妈先帮你存着，你要用就找妈妈拿。”“小朋友身上放这么多钱很危险知不知道？压岁钱爸爸妈妈先帮你存着，你长大了再给你。”……相信这些话，很多过来人都很熟悉，这是很多父母处理孩子压岁钱时的惯常做法。

但是，这种做法显然不明智。一来，让孩子空欢喜一场，本来的很多计划都被取消了，开学以后都可能会不开心；二来，会造成亲子间的一种不信任感，影响父母在孩子面前的威信。但让孩子自己随便花肯定也不行。放任自由，只有一个结果，就是大手大脚，不懂得珍惜，更谈不上责任与感恩，对孩子未来的成长不利。

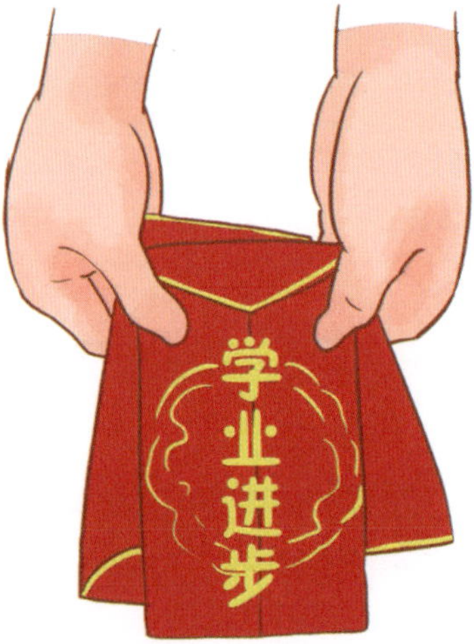

所以，上缴和放任都不是上策。真正的上策是：把压岁钱变为教育子女的契机，让孩子学会自主、自律，懂得感恩，培养孩子正确的金钱观与理财观。

让孩子了解压岁钱的“规则”

父母可以在过春节前找个机会，就压岁钱的问题，和孩子进行一些讨论和沟通。在沟通和讨论中，父母首先应让孩子明白，压岁钱是长辈给她的一种成长祝福、健康祝福，压岁钱只是这些美好寄托与心愿的一种表达方式，以此让孩子正确看待压岁钱，不攀比、不计较多少等。其次，应让孩子了解压岁钱与其他金钱（如父母工资）的区别，让孩子明白压岁钱与劳动所得之间的不同。再者，父母应让孩子明白，压岁钱的归属权属于孩子自己，但也不完全属于其“私产”，因为孩子收到的这些压岁钱，父母是需要“偿还”的。所以，当孩子收到压岁钱后，应当告知父母。这样，孩子收到了谁的压岁钱、具体数额是多少，父母就可以做到心中有数，以便日后“礼尚往来”。

和孩子一起讨论如何“处理”压岁钱

在此基础上，父母应同孩子一起讨论，确定压岁钱的保管方式与支配方式。比如，是先由父母代为保管，还是由孩子自己存入个人银行账户中，自行行使保管的职责？作为父母，应建议孩子，待到新学期开学前，共同商量这些钱该怎么花。

父母应秉持“建议但不强迫”的态度来引导孩子分配压岁钱。比如，建议孩子将压岁钱分成三部分，一部分用作日常开销，如公交车费、餐费、学具费等；一部分用来实现个人小心愿，比如孩子想要的芭比娃娃等；最后一部分可占到压岁钱总数的 50% 以上，用来储蓄，可存入孩子的个人账户，注意存储时应带孩子一起去银行。这样，孩子从小就树立起了正确的金钱管理、规划意识。

培养女孩的节俭意识

节约是一种美德，俭朴与勤劳密不可分，这些品质都是女孩需要从小培养的。然而，在独生子女越来越普遍的今天，很多父母都忽略了对孩子的节俭教育，长此以往，将不利于女孩的健康成长及良好品质的养成。

现在的很多女孩，多数生活在衣食无忧的环境里，就算家庭条件一般，父母也会承担一切压力，宁可苦大人，也不能苦孩子，努力为女孩营造出“太平盛世”，造成了孩子普遍缺乏节约意识，养成大手大脚消费的习惯。还有的父母认为，自家的女孩不能比别人家的孩子差，别人家孩子有的自家孩子也得有，所以一味满足女孩的要求。殊不知，父母的这种心理和行为也会助长女孩的虚荣心和攀比心。

久而久之，女孩不知道生活的艰辛，花钱大手大脚，吃饭挑肥拣瘦，再完好的衣服也挑剔，家里的玩具、学具、衣物堆积如山，造成了极大的浪费。从长远来看，一个没有俭朴习惯的女孩，长大后多半也不会热爱工作或愿意工作，也不会有艰苦奋斗的精神。因为只有懂得辛劳的人，才懂得一衣一食一物来之不易，也才懂得俭朴，从而在工作或事业中努力刻苦。

成由勤俭败由奢。孩子现在“一掷千金”，将来后患无穷。从根本上来看，这些都与父母约束不力有关。

女孩的故事

孩子的心理

妈妈
真小气

晓晓是一个活泼可爱的女孩，也是家里的“独苗苗”，是爸爸妈妈的掌上明珠。由于家庭条件比较优越，晓晓在家里可谓是“衣来伸手，饭来张口”，父母都依着她的性子来。但随着晓晓越来越大，她的变化也让爸爸妈妈越来越担心。在家里、在吃穿上诸多挑剔也就罢了，在生活中和学校里也是如此，不是羡慕别的孩子的新手机，就是关注某某又换了什么品牌的新书包，添了什么牌子的新衣服，或是在哪个大酒店开了盛大的生日派对。总之，是满心的羡慕，话里话外都在比较，觉得别的孩子有的自己也要有。爸爸妈妈发现这种势头不对，跟孩子沟通，可晓晓却轻描淡写，还委屈地说爸爸妈妈不疼自己，舍不得给自己钱花。说得多了，晓晓还会冲父母发脾气：“你们大人挣钱不就是给我们小孩花的吗？”

POINT

从事例中可以看出，女孩不懂得珍惜和节俭，喜欢攀比，很多时候与家庭环境有关。要帮助女孩树立勤俭节约的意识，父母首先要纠正自己的教育观念，不能对孩子有求必应。

那么，父母应该如何从小培养女孩的节约意识呢？当孩子出现乱花钱、爱攀比的现象时，父母又该如何正确地帮助和引导她呢？

- 让女孩懂得：节俭不是穷人的专利，而是一种美好的品质，是对自己行为的一种高要求，只有高尚的人才能够做到节俭。
- 在生活细节中增强女孩的节约意识，比如爱惜粮食、随手关灯、循环利用水资源、节约时间等。
- 学习用品是女孩经常打交道的消耗品，可以从节约文具上入手，比如，不要因为写错一两个字就撕掉一大张纸，也不要总是碰断铅笔芯等。
- 孩子虽小，不会理财，但是父母可以将家里的收支情况以孩子能明白的方式讲给她听，和孩子一起商量节省又实用的生活小妙方。如果孩子提出一些建议，一定要支持鼓励，孩子自己也会以身作则。
- 平时可以带女孩看一些关于节约方面的公益片或广告，并同孩子一起分享观后感，潜移默化培养孩子的节约意识。
- 一旦发现女孩出现攀比心理的苗头，就要引导孩子消除攀比心理，让女孩学会通过努力来获得自己想要的东西。比如，如果孩子的要求是合理的，父母可以给她创造一些机会，让她依靠自己劳动挣来的钱购买所需要的物品。

花销“限制”，强化女孩理财观念

为了避免女孩养成花钱大手大脚、挥霍浪费的习惯，除了强化她的勤俭节约的观念之外，更重要的是对她责任感和自我约束力的培养。同时，一些花销“限制”的小技巧也可以帮助女孩学会理财。

方法1 不要随便填补“透支”

当女孩能定期拿到零花钱时，她就会慢慢开始懂得生活的基本法则：没有钱，就不能买到东西。注意，如果女孩花销超支，父母千万不能随意填补“透支”部分。而应找机会和孩子一起分析超支的原因，讨论如何才能避免这一现象再发生。

方法2 教女孩学会存钱

找机会和女孩一起填写购物单，一起去超市购物，教女孩看价钱，让她付款，把找回的零钱给孩子当作奖励，并教她将钱存起来，建立储蓄的概念。如果储蓄罐里存款较多时，可以带女孩到银行开设一个属于她自己的账户，教她看懂存折，懂得本金和利息的概念。

方法3 适度“借钱”给女孩

如果女孩想买的物品价格和自己存的钱有较大落差，这时除了引导孩子适度调整目标之外，还可以适度“借钱”给孩子，让她有借钱、还钱并支付利息的观念，从中培养女孩的责任感。

女孩会花钱也是一种能力

现今，越来越多的父母反映自家孩子乱花钱，不知道父母的辛苦，但很少听到父母追问孩子错在哪儿或反省自己缺乏对孩子的财商教育。所以，抱怨孩子的声音一直存在，而孩子乱花钱的现象却愈演愈烈。作为父母，我们总想给予孩子最好的东西，但其实，除了供应孩子吃穿和学费之外，如何正确引导孩子的消费也十分重要。

父母要树立正确的消费观

对于孩子而言，她的消费观念很大一部分是在模仿父母。当孩子出现大手大脚、浪费的问题，做父母的应该先检查一下自己：你是不是平日里只要孩子要钱就立马给？自己是否也经常追逐名牌、大手大脚花钱？父母就是孩子的一面镜子，要想培养女孩良好的消费观念，父母就要用正确的消费观来引导孩子。

定期给予女孩一定数额的零花钱

定期、准时给女孩零花钱，不用孩子提醒。定期性是教会女孩学习花钱规则的关键所在。零花钱的数额应基于家庭收入情况、孩子年龄和乐意接受的程度，以及期望她来做什么而决定。另外，零花钱应包括一部分可以让孩子自由支配的数额，以便让她学会如何在花钱时做出正确选择。

帮助女孩分清“需要”和“想要”

父母需要帮助女孩分清楚“需要”和“想要”，帮助孩子控制“想要就买”的想法，养成在购物前列出清单、做好预算的好习惯。另外，父母在引导女孩消费的过程中，要让孩子杜绝自己的虚荣心，不要看到其他小孩买了什么，自己就想要买。这样可以避免更多不合理的消费。

让女孩知道家里真实的经济情况

很多女孩之所以不懂事、乱花钱，与很多父母故意隐瞒家庭贫穷的状况，让孩子误以为家里很富有有关。这种情况下，她们大手大脚花钱肯定会心安理得。因此，父母要让女儿知道家里的经济状况，不要让孩子觉得家里有座花不完的“金山”。即便家里现在富有，钱也不是取之不尽、用之不竭的，是需要通过努力劳动才能获得的。一旦明白了这些，女孩花钱时自然也会多多斟酌。

教女孩基本的购买技巧

买卖不仅仅是一手交钱一手交货那么简单，而是多方考察之后买性价比最高的商品。对女孩的理财培养中，购物的眼光和技巧是十分重要的，要让女孩在购物时学会了解商品和讲价，而且越早越好。比如：在买东西时如何货比三家，怎么查看产品的成分、厂家，如何利用优惠券等。这些技巧不仅可以为女孩节省开支，还可以教会女孩正确购物。

帮助女孩克服冲动消费

父母要让女孩克服冲动消费，尤其是年幼的孩子，抵制诱惑的能力较弱，很容易在一些“商业宣传”中败下阵来。作为父母，应教会孩子在购物时不要轻易被别人的言语所左右。特别是现在很多广告都华而不实，我们要让孩子意识到：广告中存在夸大成分是不争的事实，它能促使你购买一些并不需要的物品，我们要懂得理智购物。

让女孩懂得量力消费

父母要让女孩了解到家庭的实际消费承受能力，让她了解家庭的财政收支情况。在家庭的经济承受能力内消费，才能够让孩子学会合理消费，从而培养女孩正确的消费观念。

警醒女孩，金钱并不是人生的全部

做好女孩的财商教育非常重要，但同时，父母也应教会孩子：财富不是评判他人的唯一标准，金钱也不是人生的全部。

有这样一则新闻：一个3岁的小女孩上培训班迟到被拒后，为了进教室，两次说“我有钱”。而培训班的老师对于这种情况似乎习以为常。因为这不是第一个说“我有钱”的孩子，班里已有好几个孩子在要求得不到满足的时候，以家里有钱、妈妈有钱或爸爸有钱来寻求特殊照顾。

在当前社会中，金钱是社会运转的润滑油。它是一种工具，可以提高人们的生活水平。金钱的作用是如此之大，以至于它是很多人终生都在追求的目标。但金钱有用，不等于万能。这一点一定要告诉你的孩子，不论是男孩还是女孩。上述事例中的孩子才 3 岁，却能以“我有钱”来提出任性的要求，虽说“童言无忌”，但依然令人惊叹：孩子为何小小年纪就满身铜臭味，满脑子都是潜规则！孩子的这种“金钱万能”“有钱任性”的思想，表明现今社会家庭教育的缺失，幼儿德育和价值观教育迫在眉睫。

其实，孩子就像一张白纸，等待家庭、学校和社会来描画。迟到的小女孩为何认为“我有钱”就可以解决上课迟到的问题？很显然，在生活中，其父母或许总在强调“有钱就能任性”，或者有意无意地通过行为传达“有钱能使鬼推磨”。长期下来，孩子耳濡目染，形成错误的金钱观和价值观。这对培养孩子的良好习惯、健全人格都是极为不利的。家长、学校老师都应及时给予引导和纠正。尤其是父母，一定要以身作则，在孩子面前，千万不要过分宣扬金钱的作用，应通过自己的言行举止正向影响孩子，应该让孩子明白：金钱能买到很多东西，但生活中还有许多美好的东西，如亲情、友爱、品德、情趣、性格、时间等，都是金钱买不到的。

培养女孩理财能力需注意的问题

女孩的成长之路并非一帆风顺，会出现很多状况，这些问题有时候和大人有很大的关系。因此，父母在做出任何行为和决定前，都要做好周密的思考，不要盲目或跟风。

一味地金钱奖励不可取

单纯用金钱奖励女孩，虽然是一种简单、见效快的方法，但这种“经济诱惑”的奖励方式具有比较大的负面作用，对女孩的健康成长不利。

如果父母把女孩的学业与金钱奖励联系在一起，就会破坏零花钱的原意，给孩子传递一个错误信息：金钱只是一种赏罚工具，努力读书只为金钱奖励，如果没有金钱奖励，读书就会毫无意义。

另外，还有一些父母喜欢用金钱来代替对孩子的鼓励与关怀，特别是一些忙于工作的父母。这种做法是错误的，这会让父母与孩子之间的关系变得功利。在这样的家庭中成长起来的女孩，往往容易感情淡漠，人生观和价值观都会受到误导。

女孩需要奖励，但不能仅限于金钱奖励。实际上，对女孩的奖励可以来自很多方面，比如，父母一个友善的微笑、适当的赞美，甚至只是一个爱的拥抱。奖励女孩的时候要先考虑一下，她在生活中需要什么，最好奖励给她需要的、能够对她的生活有所帮助的东西。孩子的分辨能力有限，作为父母，给予孩子的不应该是过多的金钱，而应是精神上的关爱和支持。

“富养”女孩不只是指物质层面

对女孩的财商教育，从来就不仅仅是“富养”这么简单。富养，也不等于用金钱和物质去“包装”女孩，它更多的是代表一种精神上的富足。诚然，金钱和物质也是必不可少的，它可以为女孩的生活和学习提供良好的条件，但如果我们把握不好其中的尺度，反而会害了女孩。

瑶瑶家的经济情况并不富足，但瑶瑶妈和瑶瑶爸一直都是秉持“女儿富养”的态度来养育瑶瑶，毕竟全家就这么一个小宝贝。于是两口子省吃俭用，供女儿上贵族学校，每个月给予数额不菲的零花钱。慢慢地，瑶瑶养成了爱攀比的习惯，花钱如流水，只为不在同学面前“掉价”。甚至会埋怨父母，说父母没有能力让她过上幸福的生活，导致同学看不起她。瑶瑶妈这才意识到自己和瑶瑶爸的错误，是他们促成了这样的结果。

所谓“富养”女孩，其实是让女孩的内涵、道德与修养富足起来，让女孩拥有富足的知识，而不仅仅是物质上的富足。这也是有女孩的父母们应该看重和教育的方向。那么，有哪些教育方法可以帮助父母正确富养女儿呢？

首先，父母在给女孩物质生活、学校教育投资的同时，应更为注重对孩子的关心。让女孩切实感受到父母对自己的关心和爱，她就会愿意并主动和父母建立一种良好的亲子沟通关系。这样教育女孩就不会陷入被动。从另一个角度来说，相比于金钱，女孩更需要的也是父母的爱。只要她感受到父母的爱，即便物质上略微匮乏，她也能理解，甚至会成长得更为优秀。

琪琪家的条件也只能算是普通，但对于琪琪物质上的供给，琪琪妈一直都认为安全和舒适第一，拒绝奢侈。琪琪很少穿名牌，但她的衣服一直都是清清爽爽、舒舒服服；琪琪也很少吃进口的食品，但琪琪的牛奶和零食，都是妈妈仔细查看产地、成分等精挑细选出来的。

虽然如此，但琪琪一直都是她众多小伙伴的羡慕对象。因为，几乎每个周末琪琪的爸爸和妈妈都会带琪琪出去玩，有时是动物园，有时是去爬山，有时是去看展览，而且很多时候都是和其他家庭一起组团去，孩子们在一起玩耍非常快乐。在这样的家庭环境下，琪琪一直都是一个乐观、自信、友爱、开朗、体贴的好孩子。

金钱与物质一直都只是“富”的片面。无论家庭经济状况如何，父母都要明白一点：富养女孩的关键并不在于物质的富足，而在于精神的富足，做到在教育女孩的道路上合理配比物质与精神，才是教育成功的关键。

巧妙打消女孩的攀比心

很多女孩入学之后，受到周围环境的影响，不自觉地就会攀比，这多是虚荣心在作怪。虚荣心对一个女孩的影响非常大，它容易使女孩失去清醒的头脑，分不清眼前事情的轻重。如果女孩的虚荣心得不到及时纠正，长期下去不利于其正确人生观与价值观的养成。比如，在恋爱和选择配偶时，相比于人品、修养、才华、性格等内在条件，虚荣的女孩会更加看重对方的容貌以及物质条件等外在条件。

女孩虚荣心的形成主要与父母不当的教育方式有关。现在的很多父母总担心孩子受委屈，不希望自家孩子吃的、穿的、用的比别人家的孩子差，于是对孩子有求必应。在和别人谈到自己的孩子时，也总爱讲孩子的优点，夸耀自己的孩子。在父母这种无意识的“纵容”下，孩子的欲望和虚荣心也无限膨胀。

想要杜绝女孩的虚荣心和攀比心，父母首先要以身作则，营造朴实谦逊的家风，从而潜移默化地影响孩子；对于女孩提出的在合理范围内的要求可以答应，对于无理的要求应果断拒绝。另外，不同的家庭条件，消费能力自然不同。父母要教会女孩正确认识贫富差距，用平和的心态来看待富有和贫穷，让女孩懂得：要努力学习，不断提高自己各方面的能力，将来才会成为精神和物质都富足的人。

本章要点 为女孩树立正确的金钱观

正确的金钱观能让女孩对钱有正确的认识，明白“取之有道，用之有度”的道理。如果女孩没有正确的金钱观，很容易就变得拜金、自私自利。在此基础上，父母应教会女孩懂得如何养活自己、如何去赚钱。

★ 培养女孩的理财能力，父母必须走出两个教育误区：一是害怕跟孩子谈钱，不让孩子参与消费，包办孩子的一切；二是放任自流，无计划，对孩子的任何要求都有求必应，缺乏对孩子金钱方面的监管。

★ 在女孩还小的时候就可以开始教她分辨钱币的价值，让她认识金钱。

★ 给女孩一定数量的、可自行支配的零花钱，让女孩尝试自己去花钱、做预算等，父母可以从旁引导。

★ 教女孩存钱，比如给女孩准备储钱罐、开一个专属的银行账户等。

★ 在女孩的吃穿用度方面，标准是保证孩子健康成长的需要，但不可大手大脚。

★ 奖励女孩，无论采用何种方式，都不能离开父母的用心和关爱，否则就会变成冰冷的制度和工具。

★ 女孩的虚荣和攀比很多时候都是父母的娇惯或影响造成的，孩子的浪费也与父母约束不力有关。因此，父母一定要以身作则，本身就应树立正确的金钱观和消费观，让女孩受到正面熏陶。

★ 告诉女孩，金钱不是万能的。